JN023574

はじめに　―“なぜ”本書を読んでほしいのか―

みなさん、はじめまして！　クッキングエンターテイナーの大西哲也です。東京都調布市にて『料理うまいBAR COCOCORO』というお店のオーナーシェフを務めており、YouTubeで料理番組『COCOCOROチャンネル』も発信しております。

おいしい料理をつくることは、「難しい…」「特別な技術が必要」「長年の経験が必要」だと思いがちです。でも、その先入観を捨て、「なぜそれをするのか」が理解できるようになると、「ちゃんとつくる」ことは全然難しいことではなくなります。むしろ、最短距離で失敗なく目標に到達する一番の方法だと僕は思っています。

今では料理人としてたくさんの人に料理を食べてもらうようになった僕ですが、調理師学校にも行っていませんし、飲食店での修業の経験もありません。料理は趣味の範囲内で、特別な技術も持っていません。
そんな僕が社会人になって「本格的に料理をしてみよう」と奮起。インターネット上のレシピ、料理本、料理番組を参考にして料理を始めたのですが、どれもこれもがいまいち腑に落ちないことばかり…。「なぜそれをするのか」にまったく触れられていなかったからです。
どのレシピも、「手抜き」「簡単」「時短」のキャッチコピーが並び、いかにハードルを下げるかの方法ばかり。なぜ強火なのか、なぜみじん切りなのか、なぜこのタイミングで塩を入れるのか、なぜ、なぜ、なぜ…がない。
そこには、必ず理由があるはずなのに。
幸いにも現代はインターネットが発達しており、気になったことを深く深く調べていくことができます。「なぜ」で頭がいっぱいだった僕は、深く調べていくなかで「調理科学」という言葉に出合いました。
「肉に含まれるたんぱく質は○℃でこのように変性をするから、こんな素材のフライパンでこんなふうに調理をしたらいい」
「アミノ酸と糖分が熱によってメイラード反応を起こして変性し、こげ茶色のおいしい物質を生み出すから、強火で加熱する」などなど…。
料理に対してのモヤッとが爆発寸前だった僕にとって、それは強烈なアハ体験だったことを覚えています。

僕と同じ疑問を持ち、それを解明へ向けて取り組んできた先人の方々に敬意を抱きながら、それからは料理の科学的根拠を調べ、新しい組み合わせでいろいろな料理に応用していくことに夢中になりました。
やがて趣味の料理は、友人を家に招いてコース料理をつくるようになったり、メニューによっては専門店に勝るとも劣らない味に仕上げられるようにもなりました。そして「料理で人に喜んでもらう仕事をしたい」と脱サラをし、出張料理人として活動。東京でお店を持ち、YouTubeで料理番組を発信する…という今日に至った次第です。

この本に書いてあるレシピは、僕が旅してきたレシピの海から「なぜそれをするのか」を読み解き、ときには別の国の料理の技法も奔放に取り入れながらつくった珠玉のレシピです。もちろん「なぜそれをするのか」は可能な限り言語化して記載しています。
この本を読んで「なぜそれをするのか」を考えられるようになれば、自分の好みの味、食感、香り、見た目の料理を自由自在にコントロールしながら、料理をつくっていけるようになるはずです。レシピを見ずとも、もはや料理をつくらずとも頭の中で完成形をはっきりとイメージできるようになるのが理想だと思っております。

とはいえ、僕もまだまだ勉強中の身。知れば知るほど、知らないことがたくさん出てくるので、本書に載せているレシピには、動画で公開したときからはガラッと進化しているものもあります。なので、本書は“集大成の一冊”ではなく、“現時点で最大限おいしい成果の発表”です。

本書をきっかけにして、料理をつくる楽しさを改めて実感し、広く深い料理の海に漕ぎ出してくれる冒険者の同士が増えることをとても楽しみにしています！

クッキングエンターテイナー　大西哲也

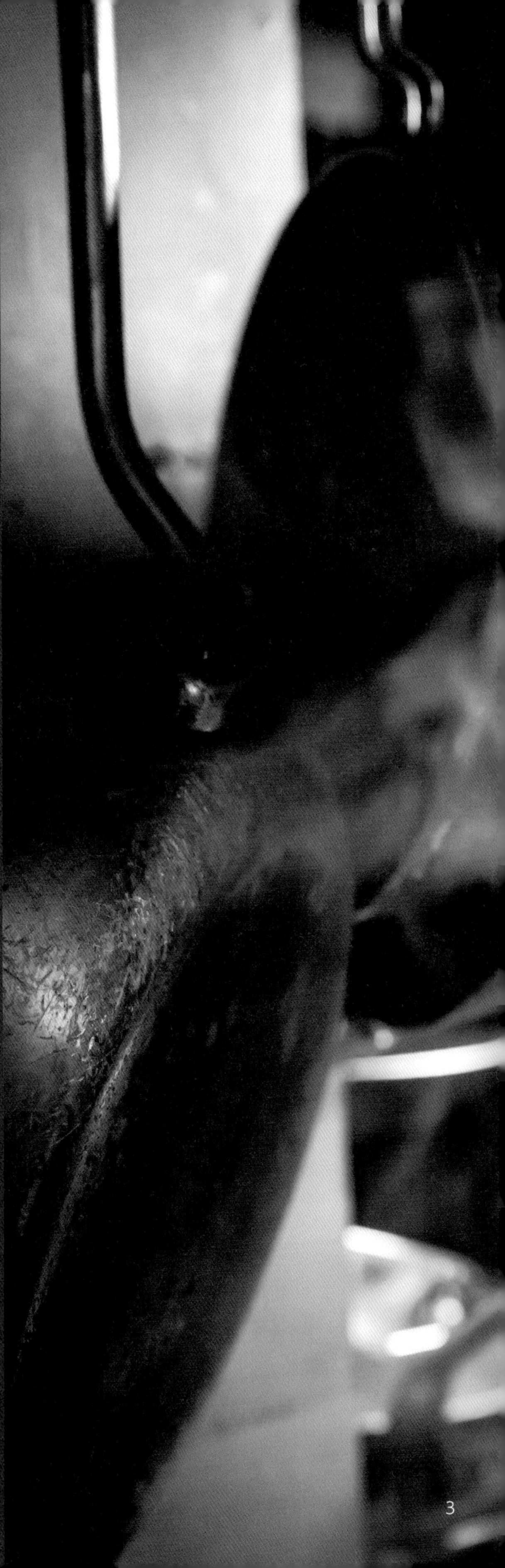

COCOCORO 大西哲也のドヤ飯

CONTENTS

DOYAMESHI OF TETSUYA ONISHI

CHAPTER 1

おいしい!!にはワケがある

CHAPTER 2

格段に差が出る! 絶対にウマい 定番おかず

CHAPTER 3

ドヤれる! ドン引きされる! 上級おかず

CHAPTER 4

今日から我が家は洋食屋!ビストロおかず

CHAPTER 5

どうりでウマい!常連さんが絶賛するパスタ

CHAPTER 6

何回もおかわりしたくなる！すごウマ飯

CHAPTER 7

お酒がついつい進んじゃう！優秀おつまみ

本書の使い方

【材料について】

■入手困難な材料もありますが、ドヤるためにも、ぜひ代用せずに記載のものを入手してみてください。入手方法は70ページを参照してください。

■野菜類は、特に記載がない場合、皮をむくなどの下処理をすることを前提としています。

■酒は「清酒」と「料理酒」がありますが、本書では清酒を使っています。料理酒には塩分が入っているため、レシピの分量でそのままつくると仕上がりの味が変わってしまいます。ぜひ清酒を使ってください。

【分量について】

■計量の単位は大さじ1＝15cc、小さじ1＝5ccです。

■「少々」は「全体にまぶす程度」です。

■水溶き片栗粉は、片栗粉と水を1：2の割合で混ぜた分量を表記しています。

■調味料やスパイスはものによって味や風味が違うため、分量はあくまで目安です。味を見て調節してください。

■料理のできあがりの分量はおおよその目安です。

【時間や温度について】

■できる限り正確さを心がけていますが、加熱時間、加熱温度、火加減についてはあくまで目安です。加熱前の食材の温度、使っている調理器具の熱効率、コンロの火力の違いなどで仕上がりが変わってくるので、厨房環境に応じて調節が必要です。

■オーブンについても、温度、焼き時間、焼き上がりの具合は機種によって異なります。様子を見ながら調節してください。

【「うまみ」「うまい」の表現について】

「ウマい」「旨味」「うま味」の表現には、下記のような違いがあります。

■ウマい・旨味＝感覚的な“おいしさ”の程度を表す言葉

■うま味＝科学的視点から見た特定の物質（グルタミン酸・イノシン酸など）の味質を表す言葉

YouTubeのQRコードも記載していますので、あわせてご活用ください。本書と動画とでは、分量や工程が違うところが多々あります。本書のレシピのほうがより洗練されていますが、過去の動画レシピも間違いではありません。総合的に判断してみてください。
レシピ内で紹介している内容には「諸説あり！」な情報が多々ありますので、お手やわらかにお願いします！

CHAPTER 1

おいしい!!
には
ワケがある

料理は科学です。科学の知識さえあれば、
誰でも料理の腕は上達し、劇的においしくなります。
正確にはかり、きちんと時間をかけ、正しく火を入れる——。
知識を蓄(たくわ)え、道具をそろえたら、さあ、始めましょう!

中毒になるほどの絶品料理をつくる4原則!

① 温度・量・時間は正確にはかる

料理の味は経験や腕!　そして愛情!!……もちろんそれもあるのですが、それより大事なことは「正確さ」です。分量、温度、時間を正確にはかることによって、味をコントロールすることができます。分量を正確にはからないと味が変わってきてしまうし、きちんと温度をはからなければ加熱の過不足が起こり、料理の出来栄えを左右します。料理は、「調理」という工程を経て、食材の「成分」がさまざまな「科学変化」を起こし、おいしく仕上がっていくのです。

② 調理道具は味を大きく左右する

同じ料理でも、使う道具によって仕上がりに差が出ます。たとえば、フライパンの素材や厚さが違うと、食材の火の通り具合が変わってくるので、まったく仕上がりの異なる料理ができあがります。レシピ通りにつくってもパサパサになってしまうとか、どうしても皮がパリッとしないなどの失敗の原因は、調理道具にあるのかもしれません。切れない包丁では、食材の細胞を壊してしまうので食感が悪くなります。また、不衛生なまな板も食中毒の原因になりかねません。

料理は温度。

3 調味料・スパイスの代用はしない

ハンバーグのナツメグ、麻婆豆腐の甜麺醤(テンメンジャン)など、本書のレシピにはご家庭に常備されていない調味料が出てくることがあります。つい省いてしまったり、似たような調味料で代用したくなるかもしれませんが、専門店のような本格的な味と、家庭料理の味の大きな違いはここにあります！　もちろん上達すれば、手元にない調味料やスパイスを何で代用できるかがわかるようになりますが、慣れるまではレシピに忠実につくったほうが、味の違いが出やすいと思います。

4 大いなる余裕と自由で楽しむことが一番!!

僕は「料理は温度。料理は科学」をキャッチフレーズにしてはいますが、その理屈に凝(こ)り固まってしまうと、思った味にするための実験の繰り返しになってしまいます。さらに、「自分が理解していない科学的理由」に直面したり、「科学で説明できない側面」につまづいて失敗すると、それ以上先に進めなくなってしまいます。料理は、みんなが幸せになるおいしい食事をつくることが目的です。大いなる余裕と自由を持って、「料理すること」を存分に楽しんでください。

料理は科学。　俺はそう信じてる!

道具を選べば味が変わる!!

腕のいい調理人が特に道具にこだわるのは、それが料理の味や食感に大きく影響するから。熱伝導率のいい鉄製のフライパンで肉を焼けば、表面にはこんがりとした焦げ目がつき、中はムラなく火が回ってプロの仕上がりに。切れる包丁は食感をよくするし、きちんとスケールや温度計ではかって調理することで、おいしさが約束されます。

スケール

失敗の理由は目分量のせい？

料理に慣れてくると、だいたいの目分量で調味料を入れる人が多いでしょう。しかし分量が少し違うだけで、仕上がりは大きく変わります。レシピの中には、みなさんの常識ではにわかには信じられないくらい多い分量の調味料を使う場面も出てくるはずです。「調味料をこんなに入れるはずはない」と思い込み、目分量でとんでもなく少ない量で調味をしてしまうこともあるでしょう。もしかすると料理の味がいまいちだった理由は、そこにあるのかもしれません。「おいしい！」と舌が感じるための科学には、思い切った量の油分や塩分、甘さが必要なことがあるからです。調味をするときはもちろん、米を炊く水の量まで、ぜひスケールを使ってきちんとはかるようにしてください。好みで量を調節するのは、その後でもいいと思います。きちんとはかるクセをつけると、味覚の違いが数字でわかるようになります。僕のスケールは、はかりすぎて表示をするところにヒビが入ってしまいました。愛着があって捨てられないぐらい使い込んでいるんですよ。

dretec デジタルスケール KS-513WT

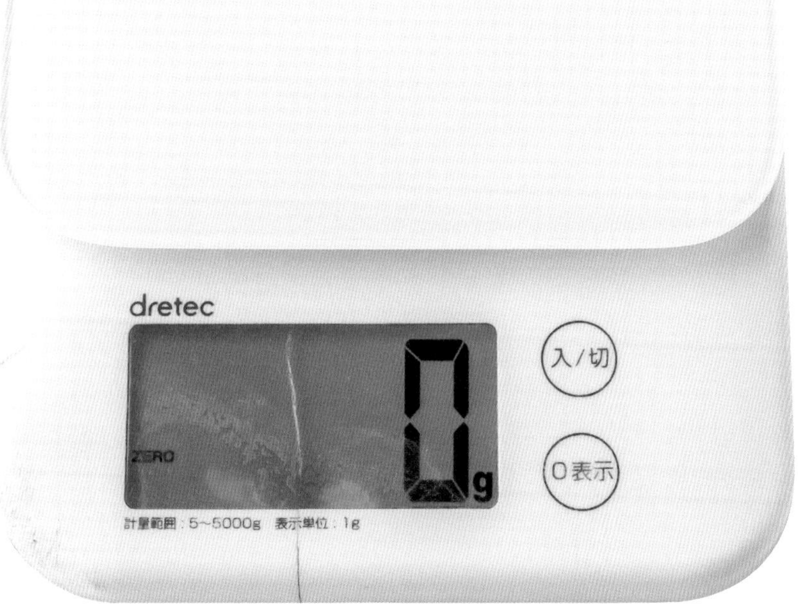

料理用温度計

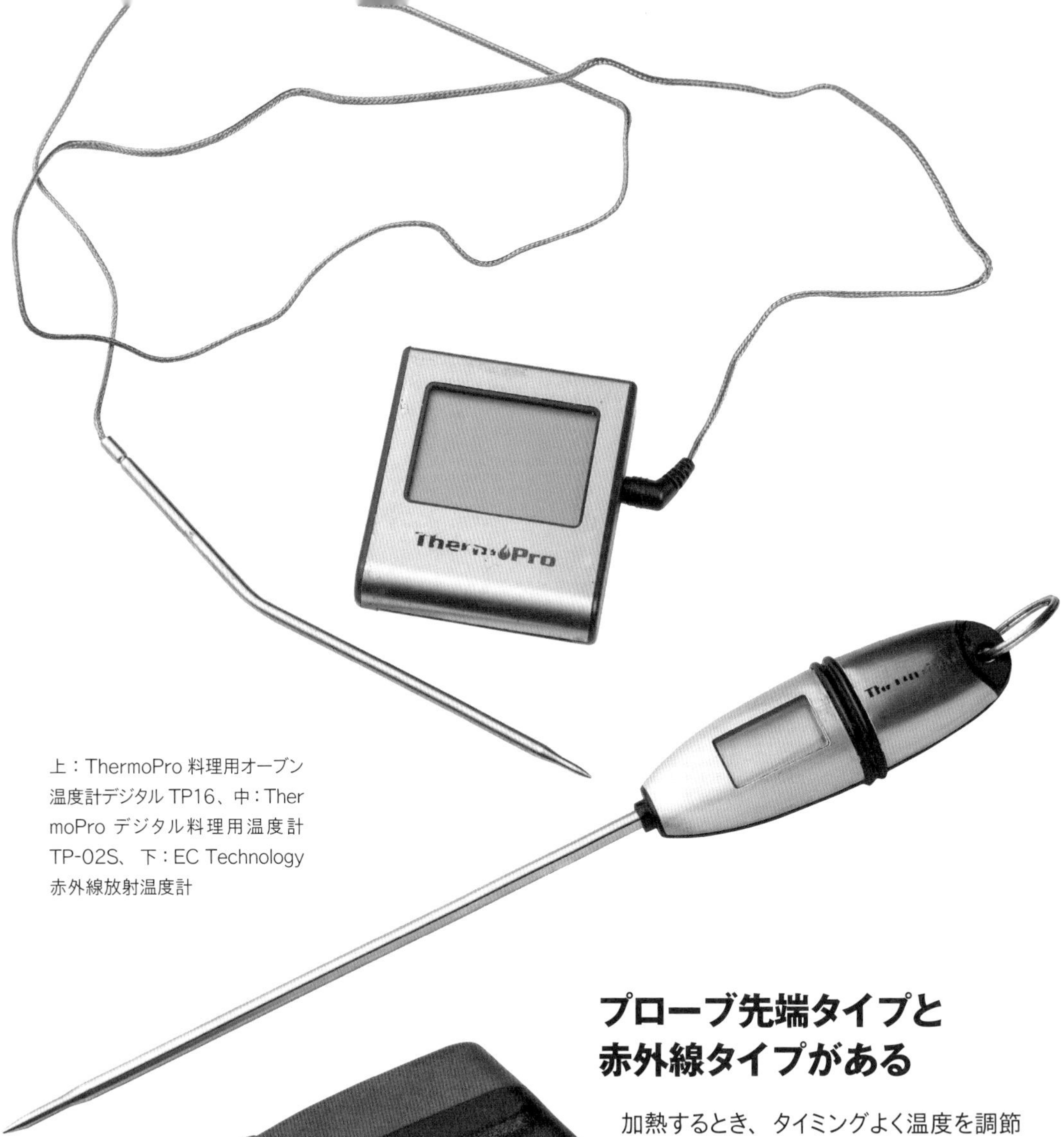

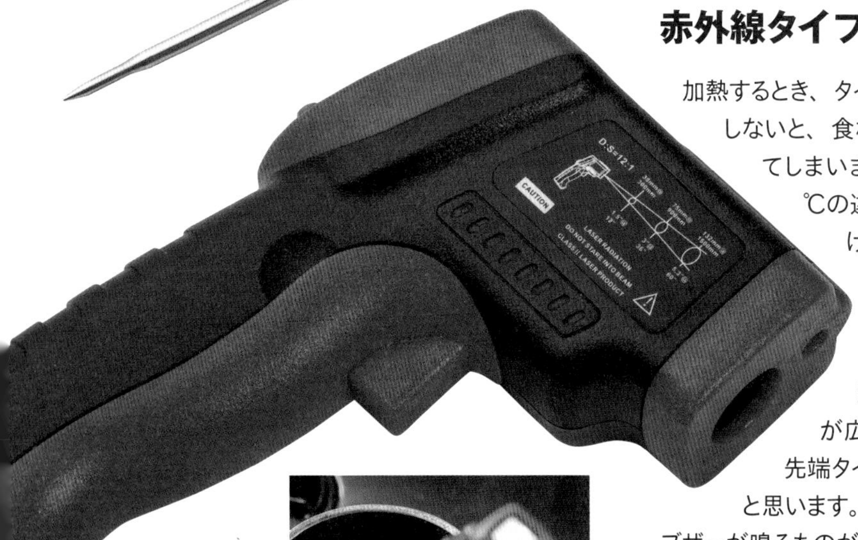

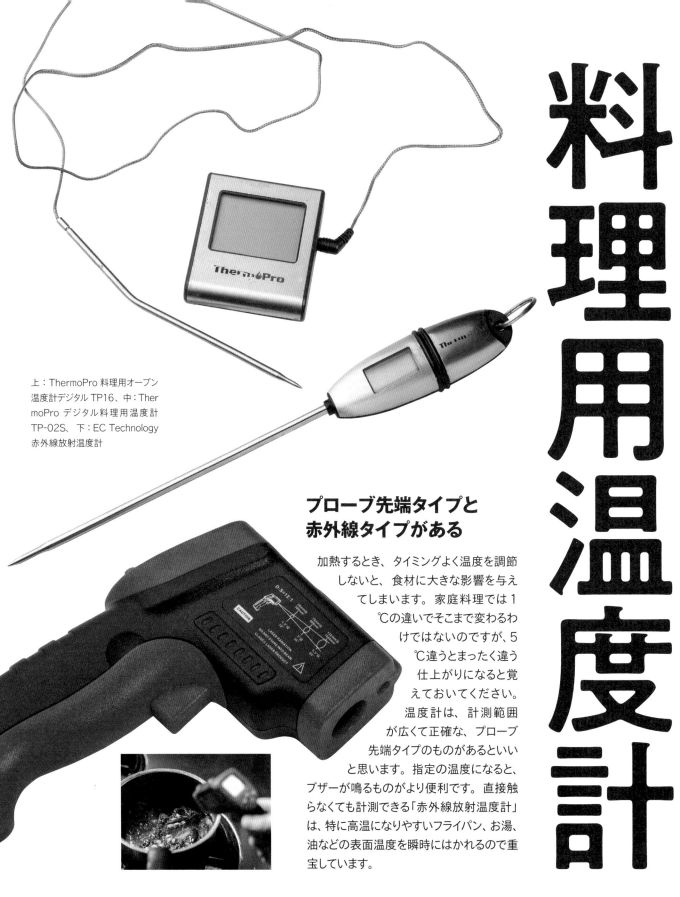

上：ThermoPro 料理用オーブン温度計デジタル TP16、中：ThermoPro デジタル料理用温度計 TP-02S、下：EC Technology 赤外線放射温度計

プローブ先端タイプと赤外線タイプがある

加熱するとき、タイミングよく温度を調節しないと、食材に大きな影響を与えてしまいます。家庭料理では1℃の違いでそこまで変わるわけではないのですが、5℃違うとまったく違う仕上がりになると覚えておいてください。

温度計は、計測範囲が広くて正確な、プローブ先端タイプのものがあるといいと思います。指定の温度になると、ブザーが鳴るものがより便利です。直接触らなくても計測できる「赤外線放射温度計」は、特に高温になりやすいフライパン、お湯、油などの表面温度を瞬時にはかれるので重宝しています。

鍋とフライパン

焼き目をつけるなら鉄で決まり!

鍋やフライパンは、「素材」と「形状」によって、調理の向き不向きがあります。扱う食材や調理法に応じて使い分けましょう。

【素材】

- **フッ素樹脂加工**／アルミやステンレスの鍋に、食材がくっつかないようコーティングがされているもの。便利で万能だが、熱伝導率が低く、焼き目をつける料理には不向き。
- **鉄**／重く、最初に手入れが必要だが、慣れてしまえば簡単。蓄熱性が高いので、一度温まると冷めにくいうえに熱伝導率も高い。高温のまま効率よく食材に加熱できる。
- **アルミ**／熱伝導率が非常に高く、鍋も食材もすぐに温まる。ソースの色が見やすいため、パスタなどの洋食に向いている。食材がくっつきやすいので、焼く料理には不向き。また、一般的に電磁調理器では使用できない。

【形状】

- **フライパン型**／焼く、炒める料理に向いている。ある程度深さのあるものは、簡単な煮物や揚げ物をするときにも使えて便利。
- **深鍋型**／煮物や揚げ物に向いている。煮込み料理は具材が煮汁に浸かる必要があるため、底面積があまり大きいものだと使いにくい。加熱ムラを防ぐため、厚手のものが◎。

上：和平フレイズ enzo 鉄フライパン 26 cm、中：中尾アルミ製作所 打出しフライパン 24 cm、下：ティファール インジニオ・ネオ グランブルー・プレミア

包丁

SUMIKAMA 剣型包丁 20 cm
霞 KASUMI VG-10 PRO

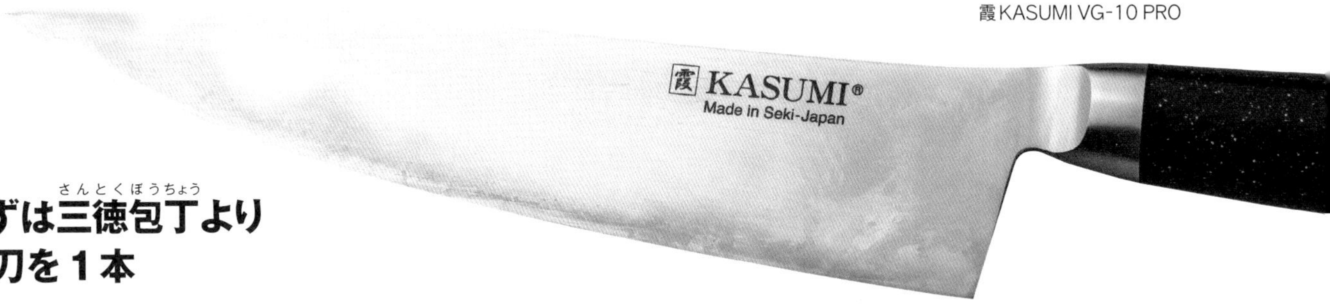

まずは三徳包丁より牛刀を１本

包丁の素材や種類はさまざまありますが、ご家庭では刃渡り 18 ～ 21 cmの牛刀が 1 本あるといいと思います。三徳包丁よりも先端が鋭いため、切っ先でカットしやすく、食材の袋などを切るときにも重宝します。2 本目を買うなら、刃渡り 13 ～ 15 cmのペティナイフ。洋食や中華料理の調理時の、細かな作業がしやすくなります。和食で魚をさばきたいときは、骨を断ち切れる鋼の出刃包丁がいいでしょう。高級な包丁は切れ味が長持ちしますし、最高な状態に研ぎ上げたときの切れ味に感動します。

包丁の切れ味はおいしさに直結する

よく切れる包丁は食材の細胞を壊さず、おいしさを保ち、見た目を美しくしてくれます。あまりに切れなくなった包丁は、食材を切るときにすべってずれてしまい、思わぬケガにつながることもあります。市販の「シャープナー」は「研ぐ」というよりも「刃先にギザギザをつけて食材への引っ掛かりをよくする」だけなので、ぜひ砥石を使って研いでみてください。

砥石

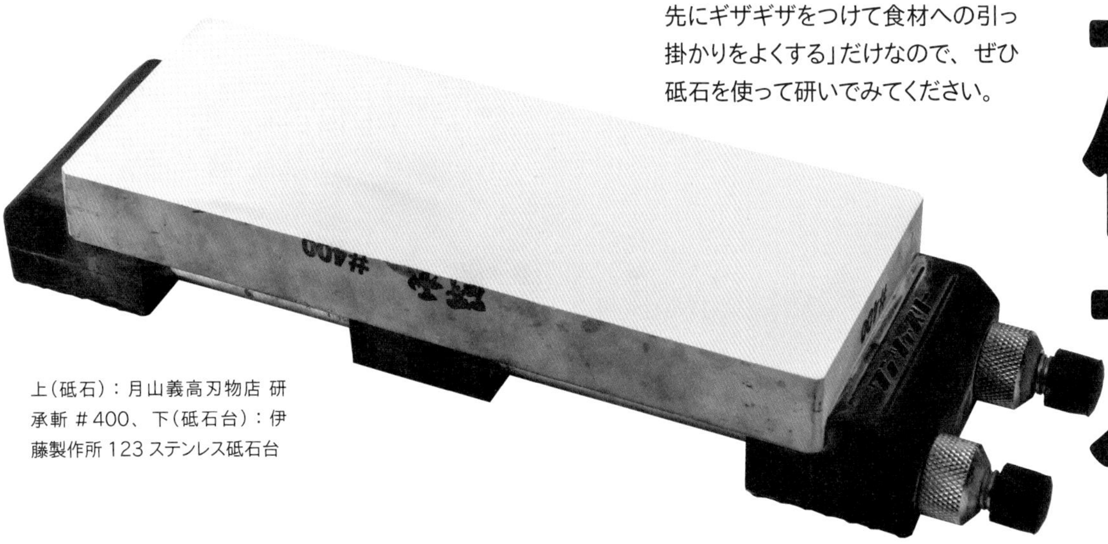

上（砥石）：月山義高刃物店 研承斬 ＃400、下（砥石台）：伊藤製作所 123 ステンレス砥石台

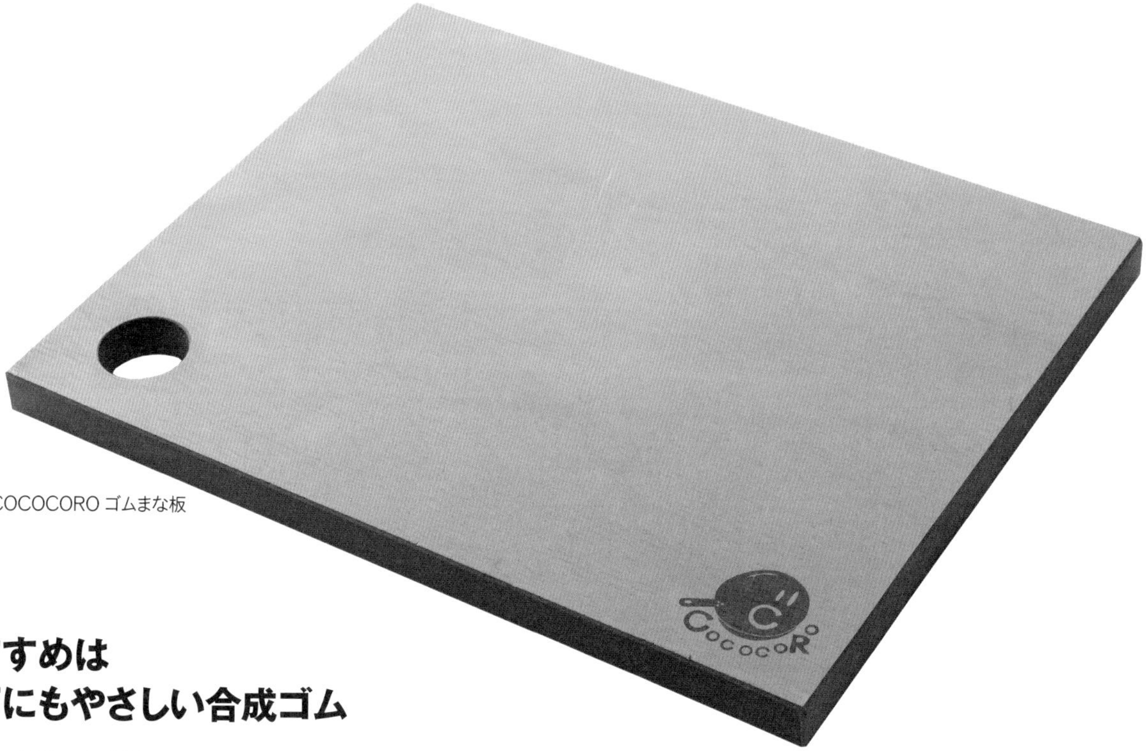

COCOCORO ゴムまな板

おすすめは 包丁にもやさしい合成ゴム

よいまな板は、食材がしっかりと切れ、衛生的で食中毒のリスクが軽減できるもの。キッチンの大きさに見合ったサイズが重宝します。素材はさまざまありますが、おすすめは合成ゴム。やわらかく、食材を切り離しやすいうえ、復元力で傷がつきにくく衛生的です。特に木粉（もくふん）を配合したものは、刃当たりが木に近く、包丁も摩耗（まもう）しにくい優れもの。「包丁が切れるようになった！？」と錯覚するほどの使いやすさです。

まな板

その他

フードプロセッサー

みじん切り、おろしの速度が、飛躍的に向上します。つくりおきや宅飲み時など大量に調理するときには、特に重宝しています。

Panasonic フードプロセッサー MK-K81

ミキサー

固体の食材をすりおろしながら、液体と混ぜ合わせます。ミル機能があれば、コーヒーやスパイスを挽くこともできます。

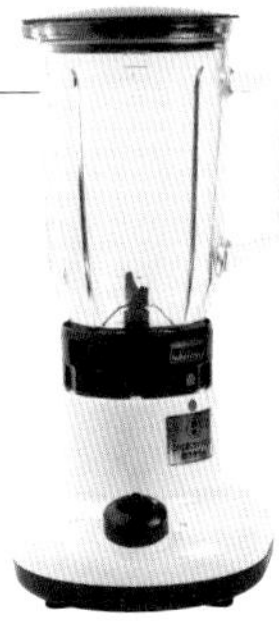

TOPVALU ジュースミキサー 1.0L

低温調理器

「100℃以下の低温の温度管理」が容易で、使いこなせば一歩先の仕上がりに。火加減を気にせず放置しておけるので便利。

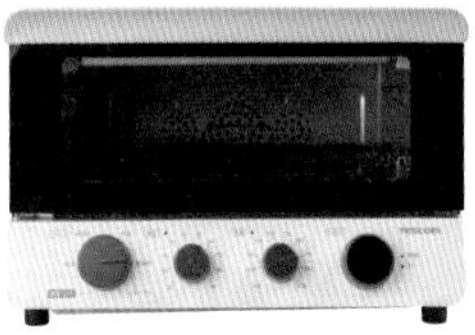

TESCOM 低温コンベクションオーブン TSF601

キッチンばさみ

オール金属製で分解できるものが、洗いやすくておすすめ。肉から骨を切り取るなど、細かい作業にも向いています。

鳥部製作所 キッチンスパッター KS-203

シリコンベラ

耐熱性のあるシリコンのものが便利。食材を残さないようにこそげ取ったり、撹拌、成形、裏返しなどさまざまな作業に重宝。

MARNA トライアングリップ シリコーンへラ K535BK

トング

パスタなどできたて熱々の料理を、手早くきれいに盛りつけたり、魚や肉の調理中に裏返すときなどにも使えます。

遠藤商事 TKGマジックサービングトング

ミートテンダーライザー

肉に突き刺して筋を切り、やわらかくします。フォークや剣山でも代用できます。個人的に、名前がロボットアニメの必殺技みたいで好きです。

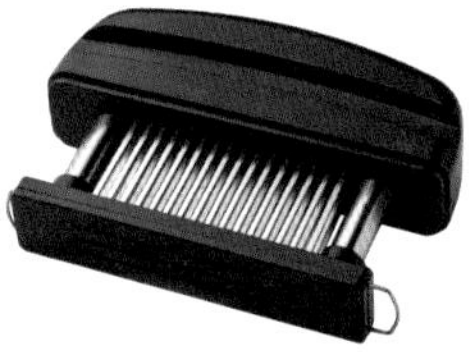

Warm time 肉筋切り器

バースプーン

僕の必需品。柄が長いため、深いビンの底から調味料をかき出したり、固まったはちみつを取ったり。小さじの代わりにも。

YUKIWA ツイストバースプーン L31.5cm

温度、量、時間を守れば劇的にウマくなる！

毎日食べているごはん、みなさんはおいしく炊けていますか？ 日によってパサパサしたり、やわらかめだったりしませんか？ 実は、基本的なごはんや目玉焼き、味噌汁でさえも、調理温度、水や油などの分量、調理時間をきちんとはかることで、味が格段に変わってきます。「料理は科学」という理由はここにあって、ほんの数グラム、数分の差で、料理は劇的においしくなるのです。一度だまされたと思って、レシピ通りに計量、計測してつくってみてください。自分の料理に足りなかった何かが見つかるかもしれません。数値化することで、おいしさの理由が目に見えてきますし、失敗は格段に減ると思います。

おかずなしで
何杯でもいける

極上のごはんは鍋で炊け!

普段炊飯器で炊いているお米を、ぜひ鍋で炊いてみましょう!
時短にもなりますし、粒の立ち方や風味にびっくりするかもしれません。

大西ロジック

Logic 1
米と水はスケールではかる

計量カップで1合2合…とはかると、数十グラム単位で誤差が発生します。スケールできっちりはかり、正確に水と米のバランスをとることが大切。慣れてくれば「茶碗○杯分」といった量でも炊けるようになります。

Logic 2
米は力を入れずにやさしく研ぐ

米を研ぐのは、米の表面の糠を落とし、表面の傷を磨く作業。精米技術が進化した現代は、それほど一生懸命研ぐ必要はありません。透明感が出るまで、米が割れないようやさしく米同士をすり合わせて研ぎます。

Logic 3
少量の酒・塩・油を入れる

酒はうま味をプラスし、塩は"スイカに塩"と同じ効果で、甘味を強調します。油は米をコーティングし、過度のくっつき&割れを防ぎます。酒は料理酒（塩分の入った酒）ではなく、清酒を使うのがコツです。

Logic 4
はじめちょろちょろ中ぱっぱは気にするな!

「米が炊ける」とは、科学的には「米のでんぷん質がα化（糊化）した状態」になること。米は水分と一緒に90～100℃の高温で20分以上の加熱をするとα化します。それさえ達成すれば、火加減は自由でOK。

材料（茶碗5〜6杯分）

米…500g（3合強）
酒…12cc
塩…1g
油…5cc
（米油、グレープシードオイルなどクセのない油がおすすめ。サラダ油でもOK）
水…研ぎ終わった米と
　　酒を合わせて
　　1200gになる量

つくり方

STEP 1 米をはかって研ぐ

1 米を研いだ後は水を吸って重さが変わるので、最初に必ずはかる。

2 ボウルに1と水適量（分量外）を入れ、米が割れないようやさしく米同士をすり合わせて研ぐ。研ぎ汁に透明感が出るまで3〜5回水を換える。最初の水は、糠臭さを米に吸わせないようにすぐ捨てること。

STEP 2 水を計量する

3 研いだ後の米の重量をはかり、酒と規定の重量まで水を入れて30分浸水する。**米の乾燥重量×2.4＝研いだ米の重量＋水分の重量が黄金比**。乾燥重量500gの米なら、研いだ後、500g×2.4＝1200gになるように水分（酒＋水）を足す。

4 浸水させた米に塩と油を加え、全体を軽く混ぜ合わせる。

STEP 3 沸騰させる

5 鍋に入れて強火にかけ、一気に沸騰させる。鍋は厚手で全体に均一に加熱が進む土鍋や鉄釜が理想だが、他の鍋でも問題なく炊き上がる。

STEP 4 均一に火を入れる

6 沸騰したら一度フタを外し、米の上下を返すように撹拌する。こうすることで全体の火入れを均一にする。

7 再びフタをし、ごく弱火で10分加熱する。火を止めてさらに10分蒸らす。

YouTubeはこちら

MEMO

鍋で米を炊くと、火加減の調節が自分でできます。一度このレシピでやってみてから、米の銘柄や好みによって、水加減や火加減を調節してみてください。少し火力を強めるとおこげができ、それはそれで美味。浸水のとき、氷水に入れて冷蔵庫で2時間以上ゆっくり給水させるとさらにおいしく仕上がります！　炊き上がり後は、すぐに1食分ずつふわっとラップをし、粗熱をとってから冷凍すると、電子レンジでいつでも炊き上がりに近い味が楽しめます。

ウマすぎて1人で5個いける!

予想以上の目玉焼き

僕のお店で食べた人全員が驚き、
1人で5個食べたお客さんもいるほどの目玉焼き。
家の朝食が「超食」に進化します!

大西ロジック

Logic 1

卵は常温に戻す

卵の温度やフライパンの厚みなどでも仕上がりが異なってきます。卵は常温に戻したほうが火が通りやすくなります。冷蔵保存していた卵をすぐに使う場合は、とろ火にして長めに焼くなど調節してみてください。

Logic 2

鉄のフライパンで焼く

卵の底面に、メイラード反応(P. 26参照)を発生させて、カリッと香ばしく仕上げるのが最大のポイントです。これには厚めの鉄のフライパンが優れています。熱伝導率がよく、常に高い温度で調理することができます。

Logic 3

油は多めに

メイラード反応の効果をさらに高め、卵を香ばしくさせるために、油を媒介(ばいかい)させてフライパンの底面に均一に火入れをします。さらに、油を多めにすることで、卵のうま味や香ばしい風味が増します。

Logic 4

火入れをコントロールせよ

僕が目指すのは、底面はカリッと、黄身はトロッと半熟に。黄身を固まらせたい場合は、半分フタをして温度調節を。底面の焼き具合と全体の仕上がりをコントロールして、好みの火入れ具合にすることが理想です。

材料（1人分）

卵…1個

つくり方

STEP 1 フライパンを熱する

1 鉄のフライパンを強火にかけ、軽く煙が出る直前まで熱する。

STEP 2 多めの油を入れる

2 多めのサラダ油（分量外）を入れ、全体になじませる。

STEP 3 卵を焼く

3 油がサラサラになったら、きれいな形になるよう低い位置から卵を割り入れ、弱火にする。白身に泡が出てきたら、菜箸で軽くつぶす。

4 白身の縁がカリッとこげ茶色になり、白身全体に火が入ったら完成。かけるものはお好みで。塩とブラックペッパーのみがおすすめ。

YouTubeはこちら

MEMO

シンプルだからこそ、おいしくつくるにはコツがあります。目玉焼きは、火加減を調節しながら、白身にある程度焦げ目をつけることが大事。底面はカリッと、黄身はトロトロが理想です。水を加えてフタをし、蒸し焼きにする調理法もありますが、底面のカリカリ感がなくなってしまい、黄身の上に白い膜ができてしまうのでおすすめしません。僕はフタを使いませんが、お好みのトロトロになるよう、半分だけフタをして温度調節をするのも◎。焼き具合は好みなので、ご自身で調節してみてください。

火入れのコントロールで絶品に

だしをとる&幸せのお味噌汁

**だしをとるのは、理屈さえわかれば実は簡単。
昆布から「グルタミン酸」を、
鰹節からは「イノシン酸」を抽出するという作業なのです。**

大西ロジック

Logic 1

昆布は60℃ 鰹節は85℃

昆布のうま味成分「グルタミン酸」は60℃付近で抽出されるので、水から加熱していきます。加熱の過程で、うま味だけではなく複雑味も出てきます。鰹節のうま味成分「イノシン酸」は85℃付近でもっとも抽出されるので、沸騰直後に入れて冷ますと香りも出ます。

Logic 2

鰹節は絞らない

だしをとった後の鰹節はつい絞りたくなりますが、鰹節はかき混ぜたり絞ったりすると雑味が出てしまいます。取り出した鰹節は、二番だしをとったり、ふりかけにして活用を。

Logic 3

味噌は重量をはかる

味噌汁は、「だし」+「だしの10%の重量の味噌」が黄金比です。一度この比で試してみてから、使う味噌の種類によって好みの味に調節してください。

Logic 4

味噌を入れたら煮立たせない

味噌を入れてから煮立たせると、風味が飛んで塩気が気になるようになります。沸騰させないよう火加減に気をつけて。

材料

【だし】（味噌汁6杯分）

昆布…5g

鰹節…20g

水…1ℓ

※昆布や鰹節の種類で味や色が大きく変わるのですが、まずはあまり難しく考えずに、家にあるものや手に入るものでだしをとってみましょう。だしをとった後の昆布や鰹節は刻んで、しょうゆ、みりん、ごま油で炒めるとおいしいふりかけができあがります。

【味噌汁】（3人分）

豆腐…1/2丁

長ねぎ…少量

だし…500cc

味噌…50g

MEMO

栄養豊富なのはもちろんですが、朝の1杯が心をリラックスさせ、一日を豊かに過ごす余裕をくれる――。そんな効果が味噌汁にはあると思っています（科学的根拠はわかりません！）。だしは冷蔵庫で3日間程度保存できるので、多めにとっておくと便利です。

つくり方

STEP 1 だしをとる

1 鍋に水と昆布を入れて中火にかけ、沸騰直前に（鍋底に小さな泡が発生してきたら）昆布を取り出す。

2 沸騰したら火を止めて鰹節を加え、2分待つ。

3 ざるとボウルを使い、2を漉す。さらしなどを使うとより澄んだだしがとれる。

STEP 2 味噌汁をつくる

4 豆腐をさいの目に切り、長ねぎを小口切りにする。

5 鍋にだしと豆腐を入れて中火にかける。沸騰したら火を止め、味噌を溶き入れる。

6 弱～中火で、沸騰させないよう再び火を入れる。長ねぎを加えてさっと火入れをしたら完成。

YouTubeはこちら
だし

YouTubeはこちら
味噌汁

COLUMN

〈 1 〉

肉が劇的にウマくなる魔法
ーメイラード反応と火入れー

肉料理をつくるなら、絶対に知っておいてほしい温度管理の法則があります。
どの料理でも、「食材が温度によって化学反応を起こしておいしくなる」ことは間違いありませんが、
特に肉調理のときには、そのロジックが顕著にあらわれるのです。

POINT

表面をカリッと香ばしく焼き上げる「メイラード反応」

肉は、中はジューシーに、表面はカリッと焼き目がついている焼き方が断然ウマい！　この表面の香ばしさをつくり出すのが「メイラード反応」です。メイラード反応とは「アミノカルボニル反応」ともいわれ、加熱したときに食材の糖分とアミノ酸が熱に反応し、香ばしさやおいしさの元となる何百もの物質が生み出される現象のこと。156℃以上の熱で強く反応するので、熱伝導率の高い鉄のフライパンや中華鍋を使って、一気に加熱するのが一番簡単ですが、低温長時間で発生させる技法もあります。

POINT

肉の3つのたんぱく質を温度コントロールする

3つのたんぱく質を加熱により変化させることで、肉はおいしくなります。「ミオシン」は50℃から変性し、“グニグニ”から“プリプリ”の歯切れのよい食感に。一方、「アクチン」は66℃から変性します。細胞が破壊され、抱え込んでいる水分が外に出てしまうため、加熱しすぎるとかたくなってしまいます。また、煮込み料理のときに大事になるのは「コラーゲン」。56℃から変性を開始し、加熱するとゼラチンに変化し、やわらかくおいしい物質となります。温度が高いほど変化は大きくなります。

加熱することで殺菌効果も

食中毒の原因となる細菌は、加熱によってほとんど死滅します。しかし、加熱で死なない細菌も少数いるので衛生管理はしっかりと。厚生労働省では、鶏肉や豚肉は「中心温度 75℃で 1 分以上、もしくは同等の殺菌効果のある加熱を行うこと」としています。

☞ つまり、

1. 表面は高温で焼き上げ、「メイラード反応」を起こす！
2. 加熱で殺菌&ミオシンを変性&コラーゲンを分解！
3. 水分が抜けてかたくならないよう、加熱しすぎない！

CHAPTER 2

格段に差が出る!
絶対にウマい
定番おかず

人の胃袋をガシッとわしづかみにする肉料理は、
焼き色、香り、ジュワッとあふれる肉汁がたまらない!
肉の性質や扱い方を心得ていれば、
自分史上最高のごちそうになること間違いなし!

DOYAMESHI OF TETSUYA ONISHI

唐揚げを制するものは食卓を制する!

シンプル・イズ・ベスト!な鶏の唐揚げ

YouTube チャンネルでもリクエストの多かった
最小の労力で最高の結果を生み出す大西流の唐揚げ。
重要なのは、温度管理です。

大西ロジック

Logic 1

鶏肉に卵を吸わせて保水力UP

鶏肉の繊維に卵をしっかり揉み込むことで保水力が高まり、ジューシーな唐揚げに仕上がります。

Logic 2

片栗粉と小麦粉の割合は4：1

衣の片栗粉は油を吸わないのでザックリと仕上がり、小麦粉は油を吸うのでしっとりと仕上がります。僕は4：1のブレンドがベストだと思いますが、自分の好みの割合を見つけましょう。

Logic 3

肉は揚げる前に丸く成形を

鶏肉をぶつ切りしたまま揚げると、厚みがバラバラになってしまい、火入れにムラが出ます。丸く成形することで火入れが均一になるうえ、皮を外側にして丸めることで、表面がカリッとした食感に仕上がります。

Logic 4

2度揚げする

160℃で3分30秒揚げる→3分30秒予熱で火を通す→180℃で30秒揚げる、の2度揚げがポイント。中心温度は85℃ぐらいを目指し、表面は高温でカリッと香ばしく&衣はザックリと仕上げます。

材料（2〜3人分）

鶏もも肉…1枚（300g）
卵…1個
小麦粉…15g
片栗粉…60g
酒…少々
塩…2.4g（鶏肉の重量の0.8%）
こしょう…少々
サラダ油…少々
揚げ油…適量（肉が浸かるくらい）

【油淋鶏（ユーリンチー）ソース】
長ねぎ（みじん切り）…大さじ2
しょうが（みじん切り）…大さじ1
しょうゆ…20cc
酢…30cc
砂糖…25g
ごま油…10cc

材料を全部混ぜ合わせたらできあがり。

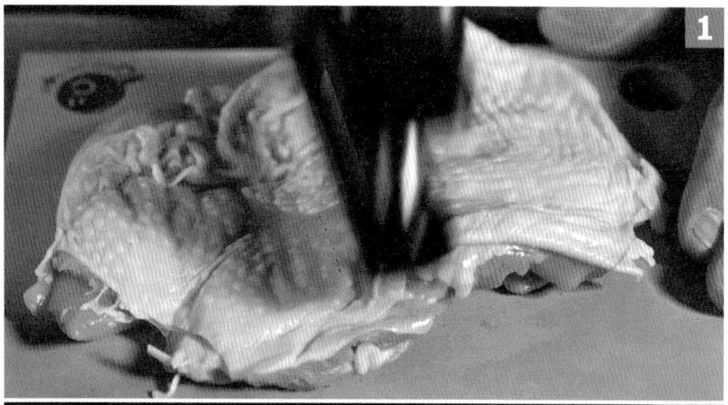

つくり方

STEP 1 鶏肉に下味をつける

1 鶏肉(1枚)の筋をフォークやミートテンダーライザーでザクザクと切る。鶏肉がやわらかくなり、味が入りやすくなる。

2 1を6等分(40～50gずつ)に切り分け、ボウルに入れる。

3 塩(2.4g)、酒、こしょう(各少々)を振る。分量に「少々」と書いてあるときは、「全体にまぶす程度」と解釈してOK。鶏肉に粘りが出るまで揉み込む。

4 卵(1個)を溶き入れ、3にしっかりと揉み込む。卵が鶏肉に吸われた感触になったらOK。

5 衣がつきやすくなるように、片栗粉少々（分量外）とサラダ油（少々）を加え、全体を混ぜ合わせる。乾燥しないよう、鶏肉にくっつけるようにしてラップをかける。

STEP 2 衣をつける

6 小麦粉（15 g）と片栗粉（60 g）を合わせてふるっておく。

7 鍋に鶏肉全体がしっかりと浸かる程度の揚げ油（適量）を入れ、160℃に熱する。

8 揚げる直前に、5 に 6 の衣をつける。

STEP 3 鶏肉を揚げる

9 8 を**皮で全体を包み込むように丸く成形**し、160℃の油で 3 分 30 秒揚げる。

10 バットにあげて油をきり、そのままおいて 3 分 30 秒予熱で火を通す。

11 カラッと揚げるため、さらに 180℃の油で 30 秒揚げる。衣がきつね色になれば完成。

YouTubeはこちら

MEMO

大西流の唐揚げは、豪快で少し大きめ。食べ応えもあると思います。鶏肉の切り方が小さいと、肉の中心部に火が入りすぎてしまうので、ご注意ください。一度にたくさん揚げると油の温度が下がるので、鍋の大きさに合わせて入れすぎないようにします。ご家庭でつくるときは、5まで仕込みをして冷蔵庫に入れておき、家族が帰ってきたタイミングで揚げ始めてもいいと思います。油淋鶏ソース（P. 29 参照）をかけると絶品です！

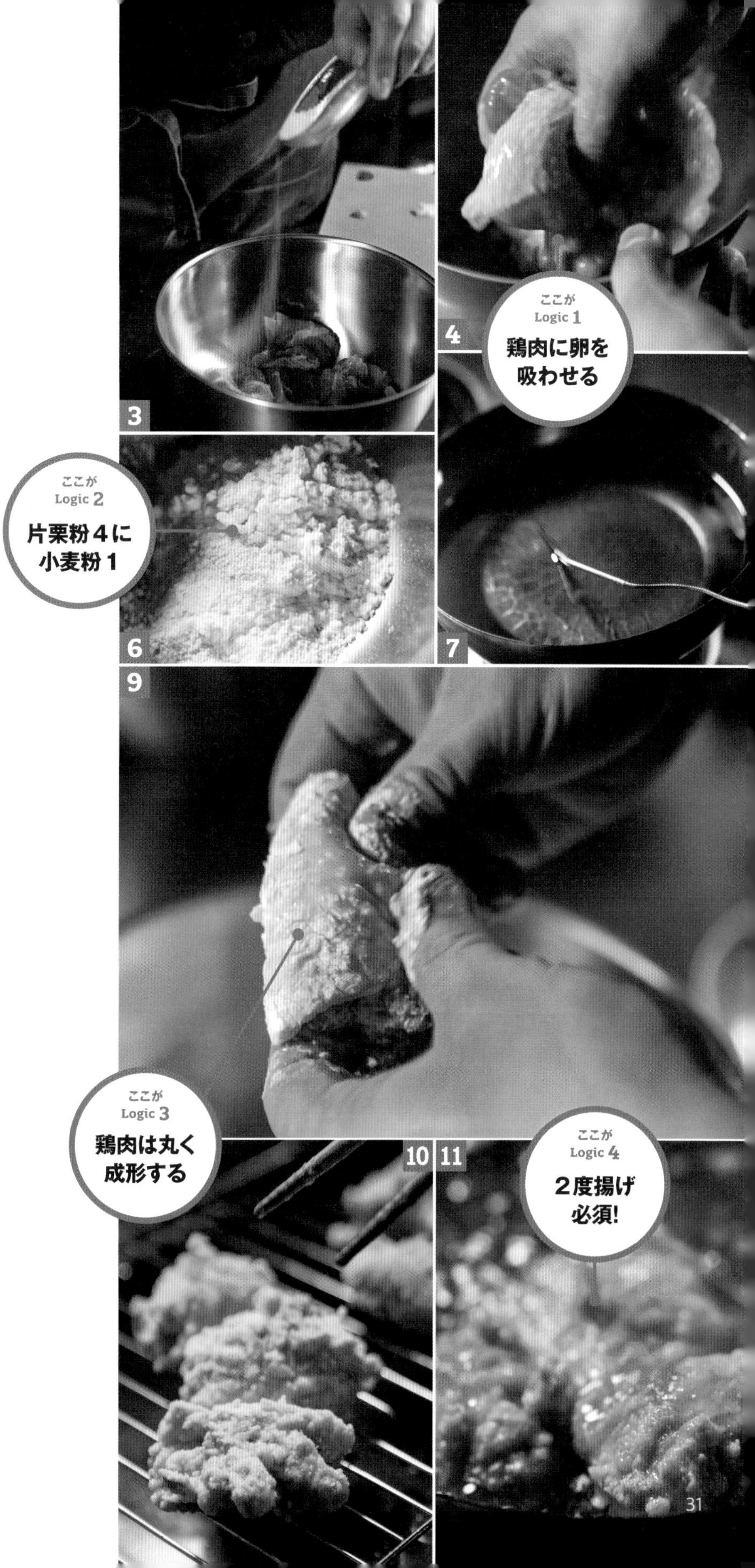

研究に研究を重ねてたどり着いた

これぞ豚の角煮の最適解

多種多様なレシピの中で
迷えるキミたちをサルベージする。
これが大西流の豚の角煮の決定版!

大西ロジック

Logic
〈 1 〉

ブランド豚を選べ!

豚の角煮で仕上がりに差を出す一番の方法は、品質のいい肉を選ぶこと。これに尽きます。少々高くても、肉専門店で質のいい国産のブランド豚を選びましょう。

Logic
〈 2 〉

肉は繊維の方向を見極めろ

さらに、繊維が縦に入っている(側面に切断された繊維が左右にのびて見える)状態の豚肉を買いましょう。切り分けるとき、繊維に垂直に切るとホロッとした食感が実現できます。

Logic
〈 3 〉

煮込んだ後冷ますとジューシーに

豚肉は下ゆでをすることで、臭みと余分な油を抜くことができます。水分が抜けますが、豚肉を煮込んだ後、煮汁の中で冷ますことで豚肉に水分が入り込み、ジューシーに仕上げることができます。

Logic
〈 4 〉

コラーゲンをゼラチンに変化させる

豚肉の水分を極力残しながらも、コラーゲンをゼラチンに完全変化させるのが、舌触りのいい角煮をつくるコツ。そのためにも、沸騰させないように気を配りながら長時間加熱することが大切です。放置せずに目を配りながら煮込みましょう。

ここが Logic 1
ブランド豚を選べ!!

材料(4人分)

豚バラブロック肉…500g
長ねぎ(青い部分)…1本分
しょうが(スライス)…2枚(6g)
酒…150cc

A
- しょうゆ…50cc
- オイスターソース…20g
- 酒…150cc
- 砂糖…30g

チンゲン菜…適宜
ゆで卵…適宜

つくり方

STEP 1 豚肉を下ゆでする

1 深い鍋に豚肉(500 g)を入れ、豚肉がしっかり浸るまで水(分量外)を加える。長ねぎ(青い部分/1本分)、しょうが(スライス/2枚)、酒(150 cc)を加え、強火にかける。

2 沸騰直前の85～90℃をキープできるよう火加減を調節し、1時間下ゆでする。途中、アクが出てきたら取り除く。

3 豚肉を取り出して粗熱をとったら、繊維に垂直に4～5 cm幅に切り分ける。煮込むと2割ほど縮むので、大きめに切ること。

STEP 2 2~3時間煮込む

4 鍋にA(しょうゆ50cc、オイスターソース20g、酒150cc、砂糖30g)を入れ、混ぜ合わせて砂糖を溶かす。

5 3の豚肉を入れ、豚肉がしっかり浸かるまで水(分量外)を加え、キッチンペーパーやアルミホイルで落としブタをして中火にかける。沸騰直前に弱火にし、90℃前後をキープする。アルコールを飛ばすため、フタをする場合は閉め切らないように。

6 2~3時間煮込み、豚肉がやわらかくなったら火を止め、そのまま常温になるまで冷ます。付け合わせにゆで卵を入れる場合は、このタイミングで入れる。味見をしてみて煮汁の味が薄ければ、煮汁のみさらに煮込む。

7 器に6を盛り、お好みでゆでたチンゲン菜を添える。

YouTubeはこちら

MEMO

角煮の嫌いな男など存在しない! 僕も究極の角煮を食べたい! その思いから、研究に研究を重ねたレシピです。目指した角煮は、長崎の店「岩崎本舗」の角煮。オイスターソースを少し加えるだけでうま味が増します。煮込む間は温度管理が肝(きも)なので、温度計を使って火加減を調節してください。85~90℃をキープするためには、火加減だけではなく、フタを半分かけながら温度調節をすると◎。翌日まで寝かせると断然おいしくなります!

いきなり焼き始めない!

ステーキをパーフェクトにコントロールせよ

ステーキは焼き方でおいしさが段違いに変わります。
グラム 200 円の肉が 500 円ぐらいに格上げされる、
おいしい焼き方を伝授します。

大西ロジック

Logic
〈 1 〉

牛肉は常温に戻す

牛肉は、焼く前に常温に戻してください。冷えたままだと、中心温度が目標値に達する前に表面が焦げてしまいます。密閉保存袋に入れて、30℃ぐらいのお湯で温めてもいいぐらいです。

Logic
〈 2 〉

必ず筋切りをする

安い輸入肉でも、表裏に細かく筋切りをすればやわらかくなり、味も入りやすくなります。ただし高級肉やフィレ肉はやわらかいので、大きな筋以外は切らないで。肉の厚さは2cmがベスト。それ以上だとオーブンでの火入れが必要です。

Logic
〈 3 〉

鉄のフライパンを使う

常に高い温度で調理することができる鉄のフライパンを使います。肉の表面は180℃でメイラード反応(P. 26参照)を発生させ、強火でカリッと香ばしく仕上げ、中心部は50～65℃に「温める」イメージです。

Logic
〈 4 〉

焼いた後、切る前に牛肉を休ませる

焼き上がってすぐは、牛肉の中で水分子が暴れ回っている状態。その状態で切ると肉汁が流れ出てしまいます。焼いた時間と同じ時間だけ、牛肉を休ませることが大切です。アルミホイルに包むことで、火から下ろしても中に熱が入ります。

ここが Logic 1
牛肉は常温に戻す

材料(1人分)

牛ステーキ肉…厚さ2cm(150g)
塩…1.2g(牛肉の重量の0.8%)
ブラックペッパー(粗挽き)…適量
牛脂…1個

【赤ワインソース】
ステーキを焼いたフライパンに赤ワイン、しょうゆ、みりん(各大さじ1)を入れて火にかける。煮詰まったらバター(小さじ1)を加え、混ぜ合わせたら完成。

つくり方

STEP 1 牛肉の下準備をする

1 牛肉（厚さ2cm）を30分〜1時間おいて常温に戻す。

2 牛肉の大きな筋を包丁で切り、全体にフォークやミートテンダーライザーで細かく穴をあける。

STEP 2 牛肉を焼く

3 焼く直前に、牛肉の両面に塩（1.2g）、ブラックペッパー（適量）を多めに振る。しっかりと全体に均一に振る。

4 鉄のフライパンを200℃になる（軽く煙が出るぐらい）まで強火で熱し、牛脂（1個）をなじませる。

5 牛肉を入れて強火で1分、片面にしっかり焼き色がつくまで焼く。裏返したらフタをし、弱火にして1分30秒焼く。

6 焼き上がったら、アルミホイルに包んで2分30秒寝かせる。

YouTubeはこちら 前編

YouTubeはこちら 後編

MEMO

筋切りをしてやわらかくし、表面をパリッと、中はジューシーを目指して焼いていきます。シンプルに、塩、こしょうだけで食べても十分ウマいのですが、わさびじょうゆもおすすめです。大根おろしもおいしいですし、ステーキを焼いたフライパンを使って赤ワインソース（P.37参照）もつくってみてください。肉の種類、厚さ、室温によって焼き時間は変わってくるので、この焼き方は目安としてください。鶏や豚でも焼き方の基本は同じですが、リスク回避のため芯温を75℃まで上げてください。

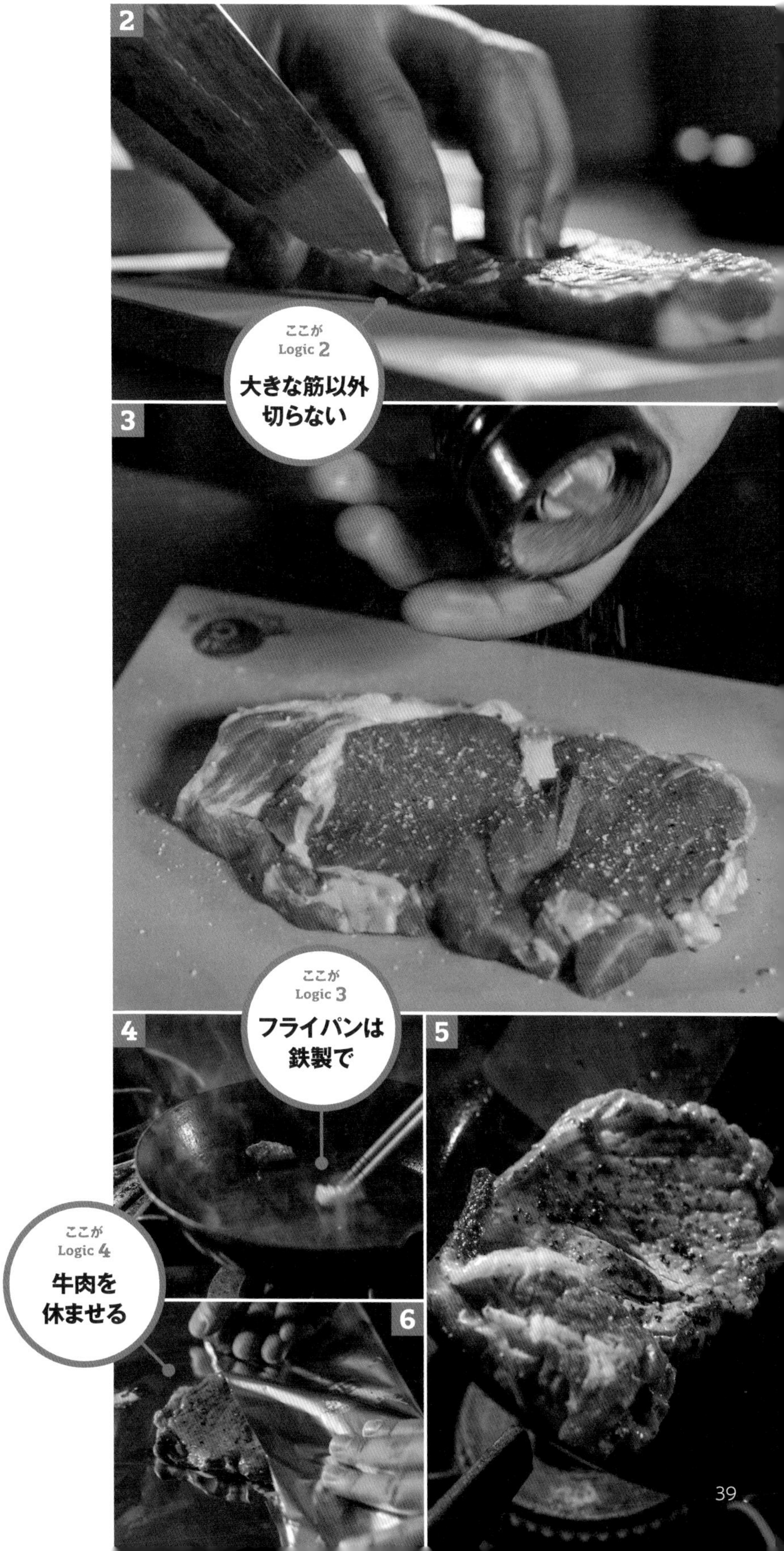

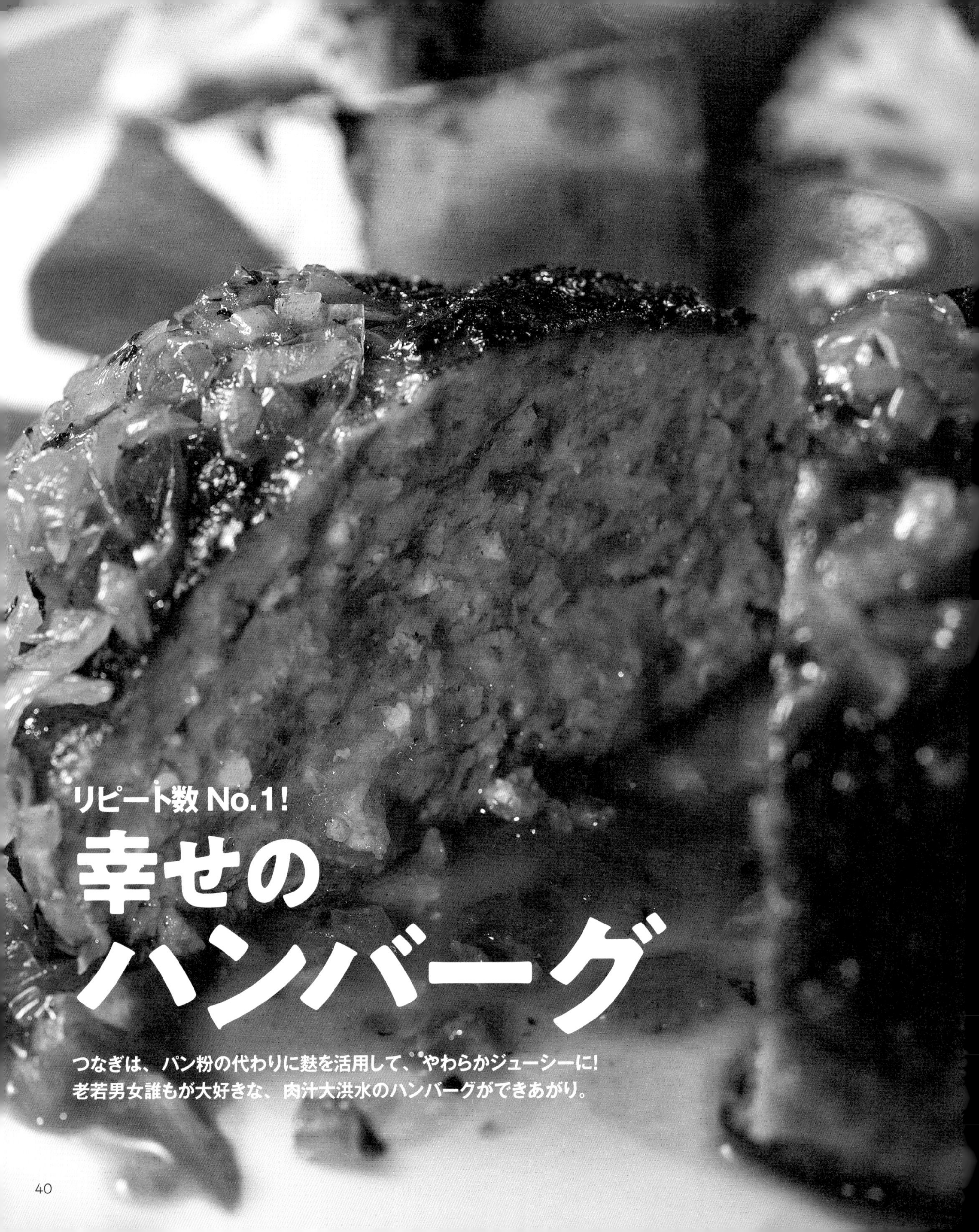

リピート数 No.1!

幸せのハンバーグ

つなぎは、パン粉の代わりに麸を活用して、やわらかジューシーに!
老若男女誰もが大好きな、肉汁大洪水のハンバーグができあがり。

大西ロジック

Logic
‹ 1 ›

味の決め手はナツメグ！

ご自宅に常備してはいないかもしれませんが、ナツメグは必ず入れてください。ナツメグが風味を生み出し、プロっぽい味を演出してくれます。

Logic
‹ 2 ›

ひき肉と塩だけを へラでこねる

手でこねると温度が上がってしまうので、必ずヘラを使ってください。塩で肉のたんぱく質を溶かして結着力を上げたいのですが、温度が上がってしまうと、肉の脂が溶け出して塩が作用しにくくなります。

Logic
‹ 3 ›

パン粉ではなく 麩で保水力 UP

つなぎは、定番のパン粉ではなく麩を使うことで、より保水力をアップさせます。プロのあのジューシーさを再現するなら、ぜひ麩を使ってみてください。

Logic
‹ 4 ›

表面は香ばしく、 内部はオーブンで ゆっくり火入れ

分厚いハンバーグを生焼けにしないために、表面はフライパンでメイラード反応（P. 26 参照）を発生させてカリッとさせ、中心部はオーブンで温めると確実。

ここが
Logic 1
ナツメグは
必ず用意

材 料（2 人分）

◎肉軍
牛豚合いびき肉…300g
塩…2.4g（ひき肉の重量の0.8％）

◎つなぎ軍
玉ねぎ…中1 / 2個（100g）
卵…1個
牛乳…30cc
粉チーズ…15g
麩…30g
ナツメグ…小さじ1 / 2
塩…小さじ1 / 2
ブラックペッパー…小さじ1 / 2

◎ソース軍
玉ねぎ…中1 / 4個（50g）
オレンジジュース…20cc
しょうゆ…20cc
みりん…20cc
水…20cc

ここが
Logic 2
ヘラでこねる

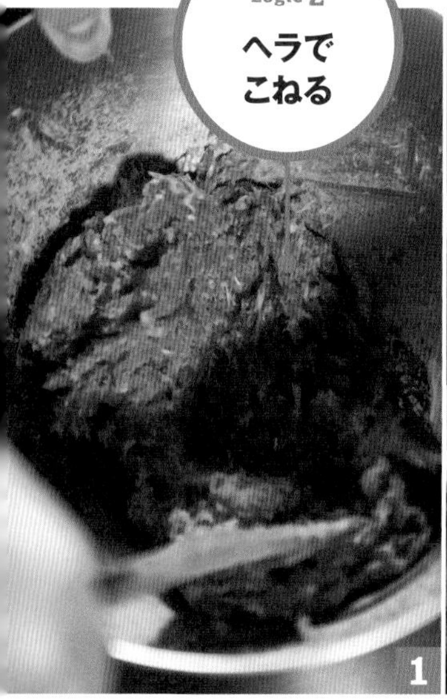
1

2

つくり方

STEP 1 ひき肉をこねる

1 ボウルにひき肉(300g)と塩(2.4g)を入れて粘りが出るまでこねる。ひき肉は冷蔵庫で冷やしておき、温度が上がりすぎないようにヘラか、なければ氷水で冷やした手でこねる。

STEP 2 つなぎをつくる

2 玉ねぎ(中1/2個)をみじん切りにし、サラダ油少々(分量外)で薄茶色になるまで炒め、粗熱をとる。炒めることで玉ねぎの成分がうま味に変わる。

3 麩(30g)をフードプロセッサーで細かくし、2と他のつなぎ軍(卵1個、牛乳30cc、粉チーズ15g、ナツメグ小さじ1/2、塩小さじ1/2、ブラックペッパー小さじ1/2)と一緒によく混ぜる(手で混ぜてもOK)。

STEP 3 タネを成形する

4 1と3をよく混ぜ合わせ、一度冷蔵庫で寝かせてなじませる。

5 手にサラダ油少々（分量外）をつけて4を半量ずつ丸め、手のひらでタネをたたきつけるようにしてパンパンと中の空気を抜く。

6 表面もひび割れがないようになめらかに成形し、真ん中をへこませる。

STEP 4 ハンバーグを焼く

7 鉄のフライパンにサラダ油少々（分量外）を入れ、200℃になる（軽く煙が出るぐらい）まで中火で熱し、6の両面を1分ずつ焼き目がつくまで焼く。

8 170℃のオーブンで中心が75℃以上になるまで（15分が目安）焼く。

STEP 5 ソースをつくる

9 玉ねぎ（中1/4個）をみじん切りにし、7のフライパンで炒める。

10 オレンジジュース、しょうゆ、みりん、水（各20cc）を加え、煮詰めたら完成。

YouTubeはこちら 前編

YouTubeはこちら 後編

MEMO

タネはこねすぎるとかたくなるので、粘りが出てきたかなと思うぐらいで止めます。焼き目は"ゴリラ色"ぐらいしっかりつけて大丈夫。分厚くてジューシーな、お店のハンバーグをつくるにはフライパンだけでは難しいもの。もしオーブンがなかったら、焼き目をつけた後にフタをし、水（もしくは酒）少々を加えて弱火にし、蒸し焼きにしましょう。内部に温度計を刺し、芯温が75℃になるまで熱してください。

ごはんと酒が進みすぎる

今夜はしょうが焼きで優勝だ！

これまでの知識を総動員すれば火入れは完璧!
シンプルながら、味つけで差が生まれます。

大西ロジック

Logic 1

豚肉の筋切りはしっかりと

豚肉は細かく筋切りをしないと、縮んで丸まってしまい、火が通りにくくなります。この厚さなら、ミートテンダーライザーは使わなくてOK。表面には焼き目をつけ、中心部は火を入れすぎないように。

Logic 2

砂糖はビビらずに入れろ!

酒、しょうゆ、砂糖の割合は4:2:1がベストだと思います。思ったより砂糖の量が多いと感じるかもしれませんが、甘くなるというよりはしっかり味がつくので、ビビらずに入れてください。

Logic 3

豚肉に小麦粉をまぶしてとろみをつける

小麦粉をまぶすことで、焼き目がつきやすくなります。また、火の通りがゆるやかになり、調味液にとろみがついて、食したときに味が舌に長時間残りやすくなります。これがコクにつながります。

Logic 4

しょうがはお好みで

しょうがは後から入れるか、調味液に混ぜるかで仕上がりが違います。しょうがをガッツリ感じたい方は、仕上げの段階で、さらにすりおろしたしょうがを加えてもいいでしょう。

材料(1人分)

豚ロース薄切り肉…120g(厚さ4mm×4枚)
玉ねぎ…中1/8個(25g)
しょうが…5g
小麦粉…少々
A しょうゆ…20cc
A 酒…40cc
A 砂糖…10g

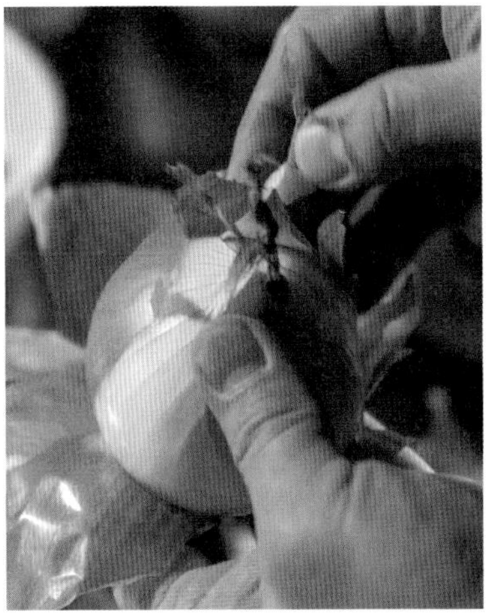

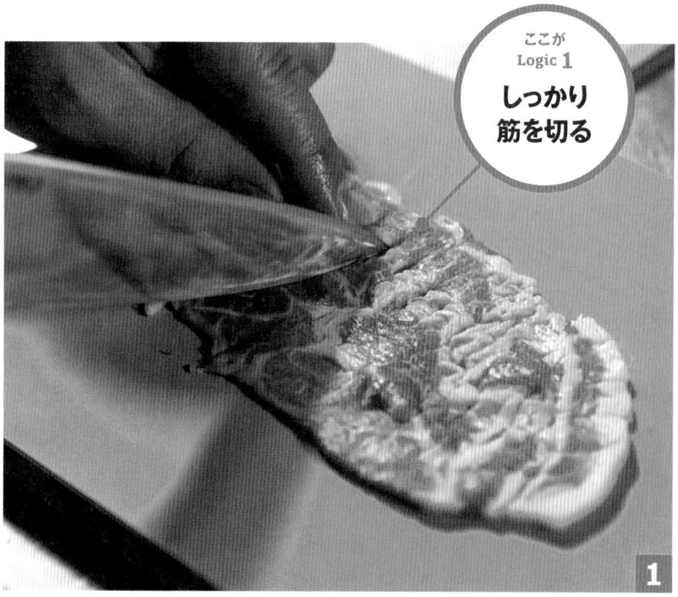

つくり方

STEP 1 下準備をする

1 豚肉（120 g）は筋を切り、小麦粉（少々）をまぶす。茶漉しを使うと、まんべんなくまぶせる。

2 玉ねぎ（中 1 / 8 個）はくし形切りにする。しょうが（5 g）はすりおろす（皮付きがおすすめ）。

3 2 のしょうがと A（しょうゆ 20 cc、酒 40 cc、砂糖 10 g）を混ぜ合わせる。

STEP 2 豚肉と玉ねぎを焼く

4 鉄のフライパンにサラダ油少々（分量外）を中火で熱し、豚肉を焼く。片面にしっかり焼き目をつけるため、豚肉はあまりいじらないこと。肉が縮んで浮いてきたら、菜箸で押しつけながら焼く。

5 焼き目がついたら、裏返して焼く。裏面は軽く火が通ればOK。

6 玉ねぎを加えて軽く焼く。玉ねぎに火が通ったら一度火を止め、フライパンの**余分な油をキッチンペーパーで拭き取る**。

STEP 3 調味する

7 再び火をつけ、3の調味液を加えて全体を混ぜ合わせる。

8 煮詰まってとろみがついたら完成。火を入れすぎると豚肉がかたくなるので、とろみと照りが出たらすぐ火を止める。

YouTubeはこちら

1

2

4

6

MEMO

豚肉はお肉屋さんで買えるなら、厚さ4mmにスライスしてもらってください。スーパーの薄切り肉は2～3mmとちょっと薄め。それでもつくれますが、若干厚めのほうがおいしいです。先に調味液に浸け込むレシピは、なじんでまとまりのある味にはなりますが、豚肉がかたくなります。しょうがも好みがあるので、好きな人は増やしてくださいね。これにキャベツの千切りを添えれば、白飯が無限に食べられます！　マヨネーズも合うんですよね～！

難しく考えすぎると逆につくれなくなる?

幸せ大放出の肉じゃが

彼氏や旦那の胃袋をわしづかみにして破壊したいあなたに!!
牛肉じゃなく、豚肉でもおいしいのでお試しあれ!

大西ロジック

Logic
〈 1 〉

具材は大きさをそろえる

じゃがいもとにんじんは気持ち小さめに、大きさをそろえて切ってください。大きさが不ぞろいだと火の通りに差が出て、一方は煮崩れて一方はかたいという状態になりかねません。

Logic
〈 2 〉

豚肉の火入れは２段階

豚肉に焼き目をつけた後、一度出しておくのがポイント。ここで炒めすぎるとかたく縮んでしまうので、豚肉を入れたらなるべく動かさないようにし、片面に焼き目がついたらすぐ取り出します。

Logic
〈 3 〉

野菜に肉のうま味を移す

野菜を炒めないレシピもあるのですが、豚肉を炒めた後に野菜も炒めることで水分を飛ばし、豚肉のうま味を野菜にまとわせることができます。塩を加えると、さらに水分が抜けやすくなります。

Logic
〈 4 〉

じゃがいもは低温から火を入れる

じゃがいもは、お湯が沸騰してから入れると煮崩れてしまいます。60℃ぐらいでじゃがいものペクチンが固まるので、低温から徐々に火を入れてペクチンを安定させると煮崩れません。

材料（３人分）

豚切り落とし肉…150g
じゃがいも…中２個（250g）
玉ねぎ…中１/２個（100g）
にんじん…中１/２本（100g）
さやいんげん…５本
しらたき…60g
しょうゆ…40cc
酒…40cc
砂糖…30g
塩…少々
水…70cc

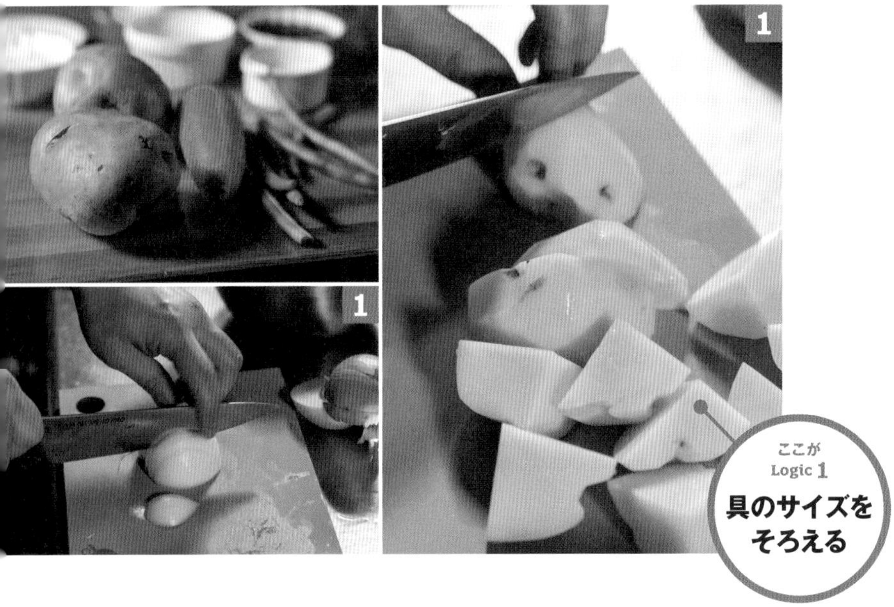

つくり方

STEP 1 下準備をする

1 じゃがいも（中２個）、にんじん（中１／２本）、さやいんげん（５本）はひと口サイズに切る。じゃがいもを大きめに入れたい場合は、下ゆでしておくとよい。玉ねぎ（中１／２個）はくし形切りにする。

2 しらたき（60ｇ）は、臭みが気になる場合は熱湯に10秒くぐらせて水で洗い、食べやすい大きさに切っておく。

STEP 2 豚肉を炒める

3 鍋か深めのフライパンにサラダ油少々（分量外）を中～強火で熱し、豚肉（150g）を軽く炒める。ほんのり焼き目がついたら、一度取り出す。

STEP 3 野菜を炒める

4 3の鍋に野菜を入れて火にかけ、塩（少々）を振って炒める。

STEP 4 合わせて煮込む

5 野菜がしんなりしたら、一度火を止める。豚肉、しらたき、しょうゆ、酒（各40cc）、砂糖（30g）、水（70cc）を加え、キッチンペーパーやアルミホイルで落としブタをして弱火で5～10分煮込む。じゃがいもがやわらかくなったら完成。目指すのは、豚肉に火が通りすぎず、野菜にはしっかり火が入った状態。

YouTubeはこちら

MEMO

肉じゃがは、あれこれ考えすぎるとわからなくなるので、無の心を持って挑むべし。ポイントを押さえれば、レシピに厳密にならなくても、それはそれで味です。豚肉はどんな部位でも大丈夫ですが、じゃがいもは煮崩れしにくい「メークイン」や「インカのめざめ」がおすすめ。しらたきを入れると、他の具材から出た凝縮されたうま味が染み込んでおいしいです。僕のつくる肉じゃがは汁が少なめで、北海道風に少し甘め。お好みで調節してください。

COLUMN

〈 2 〉

ー何にかけても抜群にウマくなる!ー
おいしいねぎ油のつくり方

油より一歩進んだ「ねぎ油」は、味も香りもよく、どんな料理にも合う万能油!
チャーハンやうどん、麻婆豆腐など、いろんな料理にプラスするだけでコクと風味を出してくれます。
普段捨てられがちな、長ねぎの青い部分の救済措置にもなります!

1

2

2

3

3

材料

長ねぎ(青い部分)… 1 本分
八角・シナモンなどのスパイス
…お好みで
サラダ油…250cc

つくり方

1 長ねぎを小口切りにする。

2 鍋にすべての材料を入れて中火にかける。スパイスによって香り高いねぎ油になる。自家製本格ラー油(P. 54 参照)の出がらしスパイスでもよい。

3 長ねぎがこげ茶色になってカラカラになったら完成。漉して清潔なビンで保管する。

YouTubeは
こちら

保存は冷蔵庫がおすすめ。2か月くらいは使えますが、長ねぎの水分が残ってしまっていると、劣化が早くなります。白っぽくなったり、変な臭いがしてきたら廃棄してください。

CHAPTER 3

ドヤれる!
ドン引きされる!
上級おかず

本格中華やタイ料理を極めることができたら、
ドヤれるうえに、ドン引きされるほどの本格的仕上がりに。
家庭レベルを完全に超えた本格料理をつくる秘訣は、
本場の調味料をそろえること、手間ひま惜しまずにつくること。

え! マジでつくったの!? スパイス香る

自家製 本格ラー油

ただ辛いだけではなく、
香りと味がしっかりあってこそ
本場のラー油。
スーパーでも買えるスパイスを
厳選しました。

大西ロジック

Logic
< 1 >

スパイスは乾炒りして香りを立たせる

ホールスパイスは香りをよくするために、一度熱したフライパンで軽く香りが出る程度に乾炒りを。何度かつくって慣れてきたら、スパイスの種類や量の配合を変えて好みの味を研究してみてください。

Logic
< 2 >

粉スパイスは水を加えて焦げつき防止

粉スパイスは、熱い油に触れると一気に焦げてしまいます。先に水を混ぜ合わせておくことで、焦げを防いでくれます。

Logic
< 3 >

低温の油で味と香りを引き出す

スパイスから味と香りをたっぷり引き出すために、スパイスと油を熱するときは、低温からじっくり温めていきます。熱した油にスパイスを投入すると風味が損なわれるだけでなく、焦げつくので要注意。

Logic
< 4 >

スパイス配分でアレンジ可能

スパイスにはそれぞれの役割があります。辛さは、赤唐辛子のパウダーの分量を変えることで調節してください。配合によって赤みの色合いも変わりますが、パプリカがコクときれいな赤を生み出してくれます。

材料

シナモン…7g
花椒（ホアジャオ）…7g
カルダモン…7g
八角…5粒
赤唐辛子（ホール）…7g
赤唐辛子（パウダー）…12g
パプリカ（パウダー）…12g
ブラックペッパー…7g
サラダ油…500cc
水…7〜10cc

MEMO

ラー油を自作しているというと、ただ者じゃない感（ヤバい人感!?）が出せます。レシピ通りのスパイスではなく、他の種類もいろいろ試してみると楽しいですよ。カルダモンは、普通あまり入れませんが、カレーに使うスパイスでさわやかな風味が出せます。本格中華っぽい香りが苦手な人は、八角を減らしてみてください。つくってみて辛すぎたら、上澄み液だけを使ってみるといいです。このラー油があれば、麻婆豆腐もプロ級の本格味に生まれ変わります。

つくり方

STEP 1 スパイスを乾炒りする

1 フライパンにシナモン、花椒、カルダモン、八角、赤唐辛子（ホール）、ブラックペッパーを入れて熱し、軽く香りが出るまで乾炒りする。

STEP 2 粉スパイスを混ぜ合わせる

2 ボウルに赤唐辛子（パウダー）、パプリカ、水を入れて混ぜ合わせる。水を混ぜ合わせることで、油を流し入れる工程で焦げつくのを防ぐ。

STEP 3 油とスパイスを熱する

3 鍋にサラダ油と1を入れて弱火にかける。**130〜150℃に油が温まり、スパイスからプチプチと泡が出てきたら、味と香りが出ているサイン**。弱火をキープして10〜15分、温度が上がりすぎないように加熱する。

STEP 4 全体を混ぜ合わせる

4 赤唐辛子が黒っぽくなってきたら2のボウルに一気に流し入れ、全体を軽く混ぜる。ひと晩おいてなじませたら完成。

YouTubeは
こちら

ここまでやったらあなたも変態

誰にも負けない最強の四川麻婆豆腐

おうち中華との違いを見せつける究極のレシピ。
やみつきになるしびれる辛さを求めてチャレンジ!

大西ロジック

Logic 1

豆腐は水きりすることで崩れにくくなる

豆腐はキッチンペーパーにくるみ、冷蔵庫でひと晩おいておくと、水分がきれます。しっかり水をきることで、麻婆豆腐が水っぽくならず、崩れにくくなります。絹豆腐でもいいですが、木綿豆腐だとしっかり味が絡みます。

Logic 2

鉄のフライパンを使う

ザージャンをつくるとき、ひき肉を焼き色がつくまで焼くと、味も香りもぐっと上がります。きれいな焼き色と香ばしさをつけるために、熱伝導率の高い中華鍋、または鉄のフライパンを使うことを推奨します。

Logic 3

豆板醤とピーシェン豆板醤の2種類を使う

ピーシェン豆板醤を入れることで、まろやかな辛味がプラスされ、本格的な味になります。なければ、豆板醤で代用してもOKです。

Logic 4

豆豉(トウチ)、花椒は手に入りにくいけれど必須!!

豆豉はコク、花椒は香りとしびれの要(かなめ)になります。花椒は、香りの青花椒としびれの漢源花椒の2種類を使うのがおすすめです(種類がわからなければ、普通の花椒でもOK)。豆豉は、代用するなら濃いめの味噌か塩麹で。

ここが Logic 1
豆腐は水きりを

材料(2人分)

【ザージャン(炸醤)】
牛ひき肉(粗挽き)…120g
紹興酒…15cc
しょうゆ…15cc
(できれば中国たまりしょうゆ)
甜麺醤…10g

【麻婆汁】
にんにく…10g
しょうが…10g
赤唐辛子(輪切り)…大さじ1
紹興酒…20cc
花椒(ホール)…小さじ1
(パウダーでも可/できれば青花椒・漢源花椒)
しょうゆ…20cc
(できれば中国たまりしょうゆ)
豆豉…5g
豆板醤…小さじ1
ピーシェン豆板醤…小さじ1
鶏ガラスープの素…小さじ2
水…300cc

木綿豆腐…1丁
長ねぎ(白い部分)…5cm
にんにくの芽…1本
水溶き片栗粉…大さじ1〜2
自家製本格ラー油…大さじ2
(P.54参照)

パクチー…適宜
花椒(パウダー)…適宜

つくり方

STEP 1 ザージャンをつくる

1 鉄のフライパンにサラダ油少々(分量外)を強火で熱し、ひき肉(120g)を炒める。あまり動かさずに、両面に焼き目をつけてからほぐす。

2 ひき肉に火が入ったら紹興酒としょうゆ(各15cc)を加え、汁気がなくなるまで炒める。

3 火を止めてから甜麺醤(10g)を加え、全体を混ぜ合わせる。これでザージャンの完成。一度皿によけておく。

STEP 2 麻婆汁をつくる

4 にんにく、しょうが（各10g）、豆豉（5g）をみじん切りにする。

5 常温のフライパンにサラダ油大さじ2（分量外）、**4**、赤唐辛子（輪切り／大さじ1）、豆板醤、ピーシェン豆板醤（各小さじ1）を入れて弱火にかける。

6 しっかりと香りが立ってきたら、焦げる前に**3**、花椒（ホール／小さじ1）、紹興酒、しょうゆ（各20cc）、鶏ガラスープの素（小さじ2）、水（300cc）を加えて全体を混ぜる。

STEP 3 豆腐を煮込む

7 さいの目に切った豆腐（1丁）を**6**に加え、沸騰したら弱火にして5分煮込む。

STEP 4 薬味を加えて仕上げる

8 豆腐に色が染みたら、みじん切りにした長ねぎ（5cm）、そぎ切りにしたにんにくの芽（1本）を加える。火が通ったら火を止め、水溶き片栗粉（大さじ1～2）を数回に分けて加えて混ぜる。

9 ラー油（大さじ2）を鍋肌から加えてひと混ぜし、強火にかける。バチバチと音がして、赤い油が表面に浮いてきたら完成。器に盛り、お好みで花椒を振り、パクチーを添える。

YouTubeはこちら

MEMO

入手困難な調味料が多いのですが、あれば絶対に専門店の味になることを約束します。辛さは豆板醤の量で加減して。仕上げ時に再度火入れをすることで、片栗粉が水分をしっかり抱え込み、とろみが持続します。おいしく仕上げる最後のポイントは、バチバチするまで熱々に熱すること。ザージャンはいろいろな用途に使えるので、多めにつくって保存を。本書では、104ページのボロネーゼでも使用。

ここがLogic 3
豆板醤は2種類

5

ここがLogic 4
しびれる辛さの花椒を

6

7

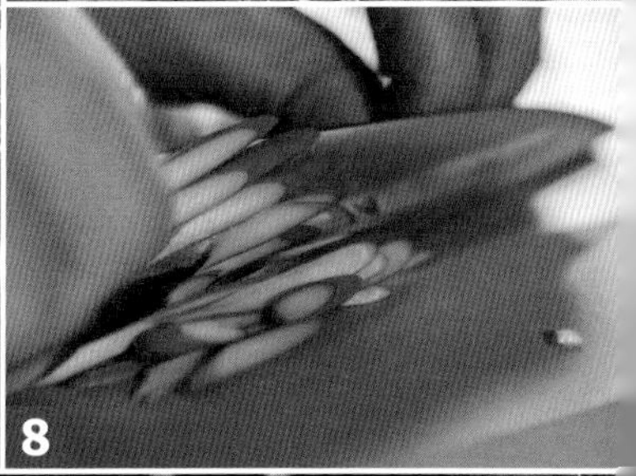

8

9

回鍋の意味をキミは知っているか?

オーラ漂う 本格回鍋肉（ホイコーロー）

豚薄切り肉とキャベツの味噌炒め……ではない!
本場中国の技法を取り入れた回鍋肉をお試しあれ。

大西ロジック

Logic 1 かたまり肉からゆでる技法でジューシーに

「回鍋（フェイグオ）」は「鍋に戻す」という意味で、一度加熱したものを改めて炒めるという中華の技法。豚肉はかたまりのまま下ゆでした後に焼き目をつけます。下ゆでするときは、弱火でポコポコ泡が出るぐらいをキープすると、肉がかたくなりません。

Logic 2 豚肉は繊維に垂直に切る

できれば豚肉は、皮がついた豚バラブロック肉がおすすめです。お肉屋さんや中華食材店で買えます。かたまり肉から切り分けるときに、豚肉の繊維を断ち切るように垂直に包丁を入れてください。食感からもおいしさが感じられます。

Logic 3 野菜は一度油通しをする

中華の炒め物では、火の通りにくい食材は、一度別工程で火を通すのが一般的。キャベツやピーマンも、先に軽く油を回しておきます。キャベツは手でちぎり、茎の部分は包丁で薄切りにしておくと、火が入りやすくなります。

Logic 4 豆板醤とラー油で本気の辛さに

豆板醤は豚肉を焼いているときに投入します。炒めることで、辛味、うま味、香ばしさがアップします。高温だと焦げやすいので弱～中火で火を入れましょう。ラー油は、なるべく香り高いものを使います。できれば自家製(P. 54参照)で!

材料（2人分）

豚バラブロック肉…150g
キャベツ…150g
ピーマン…2個
長ねぎ（青い部分）…1本分
長ねぎ（白い部分）…15g
にんにく…5g
しょうが（スライス）…2枚（6g）

A
紹興酒…15cc
（日本酒でも可）
しょうゆ…15cc
砂糖…5g
こしょう…少々

豆豉…3g
豆板醤…小さじ1
甜麺醤…大さじ1と1/2
ラー油…大さじ1
ごま油…小さじ1

YouTubeは
こちら

MEMO

葉にんにくの代わりにキャベツとピーマンを使うのが和製回鍋肉。もし葉にんにくが手に入れば、ぜひ使ってみてください。豚肉と野菜は一度火を入れてから再び合わせるので、焼くときはそれぞれ軽く炒める程度でOK。豚肉にはメイラード反応（P.26参照）をつけたいので、熱伝導率のいい中華鍋でつくるのが理想です。

つくり方

STEP 1 野菜を切る

1 長ねぎ（白い部分）とにんにくはみじん切りにし、キャベツはちぎり、ピーマンはひと口大に切る。しょうがはスライス1枚をみじん切りにする。

STEP 2 豚肉をかたまりから下ゆでして切る

2 鍋にたっぷりの湯を沸かし、豚肉、長ねぎ（青い部分）、スライスのしょうが1枚を入れる。**再沸騰したら、ポコポコ泡が出る程度の弱火（90℃ぐらい）で30分ゆでる。**

3 鍋から豚肉を取り出し、粗熱をとったらキッチンペーパーで水分を拭き取る。繊維に垂直に3～5mm幅の薄切りにする。

STEP 3 野菜を油通しする

4 中華鍋を煙が出る直前まで強火で熱し、多めのサラダ油（分量外）を全体になじませる。キャベツとピーマンを炒め、一度皿によけておく。

STEP 4 豚肉を焼く

5 再び中華鍋を熱し、3を1枚ずつ並べて、両面に焼き色をつける。

STEP 5 調味する

6 余分な油をキッチンペーパーで拭き取り、みじん切りにしたしょうが、にんにく、豆豉、豆板醤を加えて炒める。全体を混ぜ合わせたら、4を加えて再び大きく混ぜ合わせる。

7 合わせたAを加えて混ぜ合わせたら、甜麺醤を加えてさらに混ぜ合わせる。仕上げに1の長ねぎ、ラー油、ごま油を加え、大きく混ぜ合わせたら完成。

町中華の味を超える絶品!

「得意料理が青椒肉絲(チンジャオロース)」は強い

身近にある材料で、本格中華のできあがり。
炒め物の代表として覚えておくと、
料理の腕も上がります。

大西ロジック

Logic 1

豚肉は繊維の方向を見極めろ

牛肉でもいいですが、基本は豚肉。それもブロック肉を使ったほうがいいです。肉の繊維と平行に包丁を入れることが大事。繊維に垂直に切ると、炒めたときにバラバラになってしまいます。

Logic 2

卵で保水力とやわらかさUP

豚肉に卵を揉み込むことで保水力がアップし、ジューシーでやわらかい肉質に変化します。仕上がりがかたくなりがちな方は、だまされたと思ってやってみて。魔法のようです!

Logic 3

豚肉に片栗粉をまぶして味を閉じ込める

豚肉を炒める前に、片栗粉をまぶしてコーティングすることで、味を閉じ込めます。さらに油を加えておくと、乾燥を防げ、調理時にくっつきにくくなります。

Logic 4

ピーマンとたけのこはサイズをそろえて

ピーマンは第二の主役。ワタをそいで表面をなめらかにし、厚さもそろえるなど、丁寧に下処理を施(ほどこ)すことで食感も見た目もよくなります。たけのこは根元部分を使うと、食感が出ます。

材料（2人分）

豚ももブロック肉…120g
ピーマン…5個
赤パプリカ…1/2個
たけのこ（水煮）…40g
長ねぎ（みじん切り）
…小さじ1
にんにく（みじん切り）
…小さじ1
溶き卵…1/2個分
片栗粉…小さじ1
紹興酒…少々

A	片栗粉…小さじ1/2
	紹興酒…15cc
	しょうゆ…15cc
	オイスターソース…10g
	酒…10cc
	砂糖…3g

塩・こしょう…各少々
サラダ油…15cc

YouTubeは
こちら

MEMO

青椒肉絲は、下準備さえ頑張れば簡単。そして、豚肉選びも重要なポイント。スーパーの薄切り肉は、たいてい豚肉の繊維を断つように切られています。理想はブロック肉を買って、豚肉の繊維に平行に切ること。切りにくいときは、半分凍らせると切りやすくなります。また、食材はすべて同じくらいの大きさ、形にそろえて切ると、火の通りや食感を均一にすることができます。

つくり方

STEP 1 豚肉に下味をつける

1 豚肉は繊維と平行に3mm幅の細切りにする。

2 紹興酒、塩、こしょうを豚肉全体にまぶして揉み込み、下味をつける。さらに溶き卵を揉み込んで吸わせる。

3 片栗粉をまぶし、サラダ油を加えて揉み込む。

STEP 2 野菜を切る

4 ピーマンは半分に切り、ワタと種を取って上下を切る。さらに表面のデコボコも切り取り、豚肉と同じ幅の細切りにする。

5 パプリカも同様に、デコボコは深めに切り取り、ピーマンと厚さを合わせ、豚肉と同じ幅の細切りにする。

6 たけのこは根に近いほうを使う。食感がよくなるよう、内側のヒダは切り取り、豚肉と同じ幅の細切りにする。

STEP 3 豚肉と野菜を炒める

7 中華鍋に多めのサラダ油（分量外）を熱し、豚肉に7割ぐらい火を通す。火が通ったら、油をきってあげておく。

8 再び中華鍋に多めのサラダ油（分量外）をなじませて熱し、ピーマンとパプリカに軽く火を通す。油をきってあげておく。

9 再び中華鍋にサラダ油少々（分量外）を熱し、長ねぎとにんにくを炒める。香りが立ったら強火にし、7、8、たけのこを加えて全体を混ぜ合わせる。鍋肌からAを加えて大きく混ぜ合わせる。豚肉に火が通ったら完成。

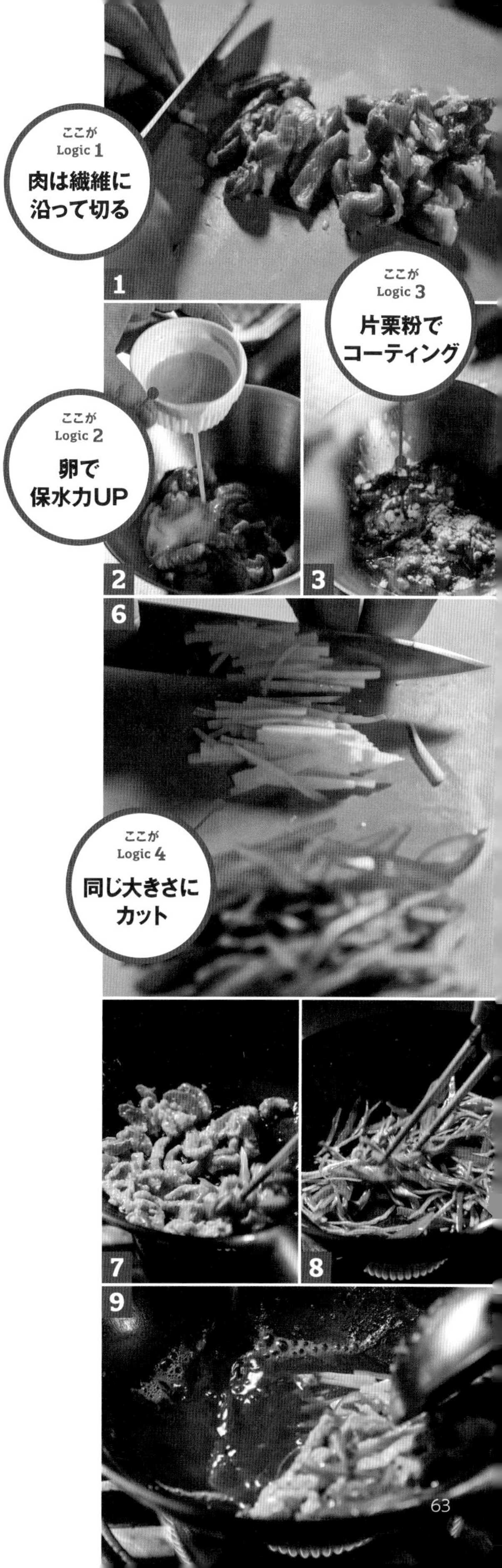

こんなのはじめて!!

一撃必殺！エビのチリソース炒め

下処理にちょっと手間がかかるけれど、一度はつくってほしい味。
ケチャップ系の酸っぱくないソースで、最高のプリプリを召し上がれ！

大西ロジック

Logic 1
エビの下処理はきっちりと

エビは、下処理をしっかりすることで、信じられないぐらいおいしくなります。塩で揉むと、水分と一緒に臭みが出てくるうえ、片栗粉はエビの汚れや臭みを吸着してくれます。

Logic 2
洗ったエビの水分をしっかりきる

エビを洗った後、水分が残っていると味が入っていきません。エビをざるにあげるだけではダメ。キッチンペーパーにエビを並べ、上にもペーパーを重ねてくるくる丸め、上から押さえて水気をきります。

Logic 3
卵白で保水力とやわらかさUP

エビに卵白を揉み込むことで、保水力がアップし、プリプリのエビに仕上がります。揉み込んでいくうちに、ボウルの中に卵白の汁気がなくなり、吸われていく様子がわかります。

Logic 4
エビの火は入れすぎない

エビの両面を焼いたら、8割ぐらい火が通った状態で一度取り出します。エビに火を入れすぎず、かたくならないようにすることがプリプリのエビチリをつくるコツです。

材料（2人分）

エビ…200g
長ねぎ…5cm
にんにく…10g
しょうが…10g
卵白…1/2個分
片栗粉…適量
水溶き片栗粉…大さじ2
ケチャップ…25g
豆板醤…12g
酢…10cc
鶏ガラスープの素…3g
砂糖…15g
塩…適量
こしょう…少々
ねぎ油…ひと回し（化粧油として）
サラダ油…少々
水…150cc

YouTubeはこちら　前編

YouTubeはこちら　後編

MEMO

冷凍技術が発達して、冷凍むきエビもおいしくなりました。もちろん殻付きエビのほうがおいしいのですが、味とコスパを考えれば非常に優秀。最近の冷凍むきエビは、背ワタが気にならなくなる飼育法や処理をしてある場合が多いので、背ワタは取らなくても大丈夫。気になる場合だけ、取り除きましょう。

つくり方

STEP 1 エビの下処理をする

1 ボウルにエビを入れ、全体にしっかり塩を振り、粘りが出るまで揉み込む。

2 片栗粉少々を全体にまぶし、エビの汚れを取るように揉み込む。水で洗い、キッチンペーパーで徹底的に水気を拭き取る。

3 エビをボウルに戻し、塩少々、こしょうを全体に振り、粘りが出るまで揉み込む。

4 3に卵白を加え、エビが吸い込むまで揉み込む。

5 再び片栗粉少々を全体にまぶし、サラダ油で全体をコーティングする。これで下処理はOK！

STEP 2 エビを焼く

6 フッ素樹脂加工のフライパンにサラダ油少々（分量外）を中火で熱し、エビを1尾ずつ並べる。赤くなったら裏返して裏面を焼き、一度取り出す。中心部はまだ生でOK。

STEP 3 チリソースと絡める

7 6のフライパンにみじん切りにしたにんにくとしょうが、ケチャップ、豆板醤を入れて火にかける。香りが立ったら鶏ガラスープの素、砂糖、塩小さじ1、水を入れて沸騰させる。

8 6のエビを加えて全体がなじんだら、火を止める。みじん切りにした長ねぎを加えて混ぜ、さらに水溶き片栗粉を加えて全体を混ぜ合わせる。

9 酢を回し入れたら再び強火にかけ、ねぎ油を回しかける。バチバチと音がしてとろみが安定したら完成。

本格的すぎて叱られる! 家庭崩壊寸前 !?

本気で極める ガパオライス

本当のガパオライスとは、ホーリーバジルを使った肉炒め+ごはんのこと。
食材さえそろえられれば、中華料理の感覚でつくれます。

大西ロジック

Logic
〈 1 〉

赤唐辛子とにんにくを石臼でつぶして本格風味

赤唐辛子とにんにくは、できれば石臼でつぶすことをおすすめします。より風味が出るうえ、味も出やすくなります。タイの小にんにくなら皮ごとつぶして。石臼が手に入らない場合は、少しつぶしてから粗みじん切りにしましょう。

Logic
〈 2 〉

手に入りにくい食材はタイ食材専門店で

本格的な調味料は、手に入りにくいとは思うのですが、頑張ってそろえてつくったときの感動はひとしお!! スパイスをつぶす石臼も含めて、タイ・エスニック食材専門店（通販も含め）を探してみてください！

Logic
〈 3 〉

鶏肉じゃなくても豚肉でも牛肉でもOK！

ガパオに使う肉は鶏肉が一般的ですが、豚肉や牛肉でもとてもおいしくつくれます。ひき肉でも、こま切れ肉でもお好みで。食感、風味などそれぞれにウマさがあります。

Logic
〈 4 〉

ガパオは火を入れすぎない

ガパオ（バジル）は、一度火を止めてから投入します。火を入れすぎると香りが飛んでしまうので、10～15秒混ぜてしんなりする程度が目安。温めるとどんどん縮むので、しっかりした量を入れても大丈夫です。

材料（1人分）

タイ米…適量（日本米でも可）
鶏もも肉…100g
玉ねぎ…中1/8個（25g）
赤パプリカ…1/8個
ホーリーバジル…ひとつかみ
（スイートバジルでも可）
タイの小にんにく…10g
（にんにくでも可）
プリックデン…1本
（生の赤唐辛子／乾燥でも可）
バイマックル…1枚
（こぶみかんの葉／なくても可）
卵…1個

A
しょうゆ…10cc
タイのオイスターソース…10g
（オイスターソースでも可）
ナンプラー…10cc
砂糖…5g
サラダ油…少々

サニーレタス…適宜
タイのライム…適宜（ライムでも可）

ホーリーバジルは、タイ語で「ガパオ」といいます。調理には葉の部分のみを使います。

つくり方

STEP 1 下準備をする

1 タイ米（適量）は炊いておく。

2 鶏肉（100g）は細かく切り、玉ねぎと赤パプリカ（各1/8個）は5mm幅の薄切りにする。タイの小にんにく（10g）とプリックデン（1本）は石臼でつぶす（包丁でつぶし、粗みじん切りにしてもよい）。タイの小にんにくは皮ごとつぶす。

STEP 2 鶏肉を炒める

3 フライパンにサラダ油少々(分量外)を熱し、タイの小にんにくとプリックデンを炒める。香りが立ってきたら、鶏肉を加えて炒める。

STEP 3 野菜を炒める

4 鶏肉に7割ほど火が入ったら、玉ねぎ、赤パプリカ、バイマックル(1枚)を加えて炒める。野菜がしんなりしてきたら、合わせたA(しょうゆ10cc、タイのオイスターソース10g、ナンプラー10cc、砂糖5g、サラダ油少々)を加え、絡めながら炒める。

5 一度火を止めてホーリーバジル(ひとつかみ)の葉部分を加え、中火でさっとしんなりするまで炒める。

STEP 4 仕上げる

6 器に1のごはんと5を盛り、卵(1個)を目玉焼きにしてのせる。お好みでサニーレタスとライムをトッピングしたら完成。

YouTubeはこちら

工程4で使うバイマックルは、中央のかたい筋を取り除くことで、香りが際立ちます。

MEMO

本気のタイ料理「ガパオライス」です。日本ではスイートバジルを使ったレシピが多いのですが、本場ではホーリーバジルを使います。身近な食材で代用は可能ですが、「なんでそんなの買ってきたの！　使い切れないじゃない！」と奥さんに怒られても材料をそろえてほしい(笑)。調味料もほとんどのタイ料理で使うものなので、これを機に新しい扉を開きましょう！

COLUMN 〈3〉

なじみない食材・調味料を入手しよう
―専門店の味には欠かせない！―

「お店の味!」と感動される本格派の中華料理やタイ料理もマスターしたい!
でもこの真似できないプロの味は、普段家庭では使わない食材や調味料がカギを握っています。
なじみのない食材や調味料でも意外と身近な場所で買えるので、ぜひ入手してみてください。

僕のレシピには、花椒、ピーシェン豆板醤、バイマックル、ナツメグ、グラナ・パダーノなど…あまり一般家庭の料理ではなじみのない食材や調味料が出てくることがあります。そんなとき、「手に入らないものは何で代用できますか？」と聞きたくなる気持ちはよくわかる！…のですが、その手に入らないものこそが、家庭料理のレベルを超えて、専門店の味に仕上がる非常に大きな要因です。近所に専門の食材店がないときは、旅行やドライブの訪問先候補にしてみるのもひとつです。まだ見ぬ謎の食材の存在を知ったり、店員さんのアドバイスを受けることは、新たな知識やアイディアを生むとてもよい機会になると思います。

大型のスーパー、デパ地下、ショッピングモールをのぞいてみる

使わないものは、意識をしなければ目に入らないもので、意外と近くのスーパーで扱っていて近場でほとんどそろっちゃったということもあります。デパートやショッピングモールに、以下のような輸入食材店が入っていると心強いです。

- **KALDI COFFEE FARM**…https://www.kaldi.co.jp/
- **富澤商店**…https://tomiz.com/
- **北野エース**…https://kitano-ace.jp/
- **ジュピター**…https://www.jupiter-coffee.com/

大量で激安の業務用食料品店を探す

一般人も入れる地方の市場や場外市場などは、専門の食材やスパイス屋さんが入っていることがあるので、行ってみる価値あり。調べてみると意外と出てくると思います。参考までに、僕の店（東京都調布市）の近くや、地元札幌で使っていた店を紹介します。

- **深大にぎわいの里 調布卸売センター（調布）**
- **大東京綜合卸売センター（府中）**
- **大槻食品館・キャロット（札幌・函館）**
- **業務スーパー（全国）**

早く届くインターネットで購入

インターネットならすぐに届きます。購入金額に応じて送料無料なのもうれしいところ。

【おすすめネットショップ】

- **アジアスーパーストアー**…タイ料理の食材はAmazonにもあまり売っていないので貴重。
- **アメ横大津屋スパイス・豆の専門店**…東京上野のスパイスの老舗（しにせ）。オリジナルのスパイスセットなどもあり、店舗もおすすめ！
- **Amazon**…最近は中国のマニアックな食材も手に入るので最後はここ。到着が早いのも◎。

もはや異国化しているディープな専門店街に踏み込む

東京の新大久保にある通称イスラム横丁やアメ横、全国各地にある中華街など、「ここはもう日本でないのでは？」と錯覚してしまうようなマニアックなエリアが存在します。食材も豊富で、量が多く価格も安い！　どんどんディープでマニアックな本格料理にハマってしまうこと請け合いです。

- **イスラム横丁（新大久保）**
- **上野アメ横センタービル 地下食品街（上野）**
- **中華街（横浜、神戸、長崎、池袋など）**

CHAPTER 4

今日から我が家は洋食屋!ビストロおかず

料理をふるまうときに、相手が誰であろうと絶対的に喜ばれる洋食。
そんなに難しくはないのに、見栄えも味も抜群!
最高のディナーを約束してくれる、
週末に腕を振るいたい人にはもってこいの料理たち。

"トントン"するより成功率が高い!
ホテルクオリティのオムレツ

フライパンを持つ腕をトントンたたいて、
形をつくるプロの技は難しい!
脱トントンでもこんなにとろーり、
おいしくできるんです!

大西ロジック

Logic 1
卵は両箸持ちで白身を切る

卵液に塩を加えるのは、味をつけるという理由の他に、たんぱく質のつながりを切ってなめらかにしてくれるから。菜箸を1本ずつ両手に持ち、白身をはさみで切るようなイメージで混ぜると、早く均質になります。

Logic 2
フライパンが成功の分かれ道

フッ素樹脂加工のくっつかないフライパンは必須! 傷がついているなど、くっつくフライパンは負け確定。大きすぎるフライパンは、広がりすぎて形をつくるのが難しいので、縁が浅くて直径20cmぐらいのものを推奨します。

Logic 3
一度火から下ろすことでトロトロに

フライパンの熱さは120℃ぐらいで。菜箸につけた卵が、少し泡立ちながらすぐ固まるぐらいが適温。卵が半熟になったら、一度フライパンを火から下ろして温度調節をすることで、ちょうどいいトロトロ感が保てます。

Logic 4
成形はひし形をイメージ

最後の成形にもコツがあります。成形するときは、丸く焼いた卵の四隅を折りたたんでひし形をつくるのがポイント。その後ひっくり返して裏側にも少し火を通したら、フライパンの端をすべらせるようにして皿に盛ります。

材料（1人分）

卵…3個
塩…ひとつまみ
バター…10g
（サラダ油またはオリーブオイルでも可）

つくり方

STEP 1 卵液をつくる

1 ボウルに卵と塩を入れ、よく混ぜる。菜箸を1本ずつ両手に持ち、白身を切るようによく混ぜる。

STEP 2 焼く

2 フッ素樹脂加工のフライパンにバターを入れ、120℃になるまで中火で温める。卵液を流し入れ、菜箸で手早くかき混ぜて半熟にする。菜箸が通った後に、フライパンの底が見えてくる程度まで火を入れる。

3 フライパンを火から下ろし、予熱で1分温めて底面を固める。具材を入れる場合はこのタイミングで。

STEP 3 成形する

4 ひし形をつくるようにして、シリコンベラで四隅を折りたたむ。ひっくり返し、フライパンの縁の曲線を使いながら成形する。

5 再び火にかけて30秒焼き、継ぎ目を固める。皿に盛るときは、フライパンからすべらせるようにして移す。

YouTubeはこちら

MEMO

理想のオムレツは、表面は程よく固まっていて、中はトロトロの状態。卵液はギリギリ出ないけれど、箸でプルプルするぐらいのやわらかさです。オムレツをつくるときは、フッ素樹脂加工のフライパンと薄いシリコンベラが必須アイテム。成形作業は、フライパンを傾けるなど、オムレツ自体の重量も使いながら成形するときれいにできます。トッピングに、チーズやめんたいマヨなどを入れてもおいしいです。

至福のトロトロ&コク深

自宅ビーフシチューの頂点

難しい印象があるかもしれませんが、
このレシピなら簡単でおいしい!
デミグラスソース缶を使って、
本格の味を引き出します。

大西ロジック

Logic 1
コラーゲンの多い牛肉の部位を使う

牛肉は脂よりも筋が多く、しっかりとした味が楽しめます。ほほ、すね、肩、テールなどコラーゲンの多い部位を使いましょう。バラ肉はやわらかくなるのが早いです。

Logic 2
牛肉に小麦粉でコーティング

小麦粉をまぶすことで、牛肉をコーティングしてうま味を閉じ込められ、焼き色をつけるメイラード反応(P. 26参照)も起こりやすくなります。シチューにとろみがつきやすくなる効果もあります。

Logic 3
黒ビールで煮込むと味に深みが出る

赤ワインで煮込むイメージが強いですが、黒ビールでつくると絶品。「苦味」を加えることで料理に深みと立体感が生まれ、口の中においしさが長く残ります。

Logic 4
黒糖とオイスターソースでコクを生む

うま味をプラスしたいときに、便利なのがオイスターソース。これがおいしくなるコツです。黒糖は甘さを加えてトマトの酸味をおさえ、同時にコクを生み出してくれます。

材料（5人分）

牛すね肉…500g
玉ねぎ…中1個（200g）
にんじん…中1本（200g）
きのこ類…お好みで
（今回はマッシュルーム7個）
小麦粉…少々
黒ビール…200cc
赤ワイン…200cc
ローリエ…3枚

A
- トマト缶（ホール）…200g（カットトマトでも可）
- デミグラスソース缶…150g
- しょうゆ…20cc
- ウスターソース…10cc（リーペリンソースがおすすめ）
- オイスターソース…20g
- みりん…20cc
- 黒糖…10g

塩・こしょう…各適量
水…200cc

YouTubeはこちら

つくり方

STEP 1 牛肉を煮込む

1 牛肉をひと口大に切り、塩、こしょう各少々を振ったら、小麦粉をまぶす。鍋か深めのフライパンにサラダ油少々（分量外）を熱し、牛肉の表面に焦げ目がつくまで焼く。

2 黒ビール、赤ワイン、水、ローリエを加え、沸騰したらアクを取って弱火にし、30分煮込む。

STEP 2 野菜も煮込む

3 ローリエを取り出し、くし形切りにした玉ねぎ、乱切りにしたにんじん、ほぐしたきのこ類、Aを加える。

4 底が焦げつかないようにときどきかき混ぜながら、牛肉がやわらかくなるまで50分煮込む。最初は汁気が足りないと感じても、野菜から水分が出るので大丈夫。それでも汁気が足りなかったら、少し水を足す。

5 牛肉がやわらかくなり、煮汁に照りが出てきたら、塩、こしょう各少々で味を調えて完成。お好みで、ゆでたブロッコリーを添えたり、生クリームをかけてパセリを振ると、彩りがよくなる。

MEMO

材料は多いですが、切って入れて煮込むだけの簡単レシピ。圧力鍋を使うと、もっと早くできます。きのこ類はなんでもいいですが、3種類ぐらい入れてあげると、うま味成分「グアニル酸」が加わってよりおいしくなります。味に違いが出るのは、黒ビール、ウスターソース、オイスターソース、黒糖などの調味料。材料でおすすめしているリーペリンソースはスパイシーに仕上がっているので、調味料として使うときにとても優秀なんですよ。仕上げに、マヨネーズにしょうゆと水を混ぜたものをトロッとかけると生クリームのようで、意識の高い盛りつけになります。

1

1

2

3

5

鶏肉をうまく焼く、ただそれだけ!

皮パリッパリ! チキンソテー

チキンは皮のパリッと感が命。下準備や焼き方の理屈を知れば、
調理環境が変わっても調節ができるようになります。

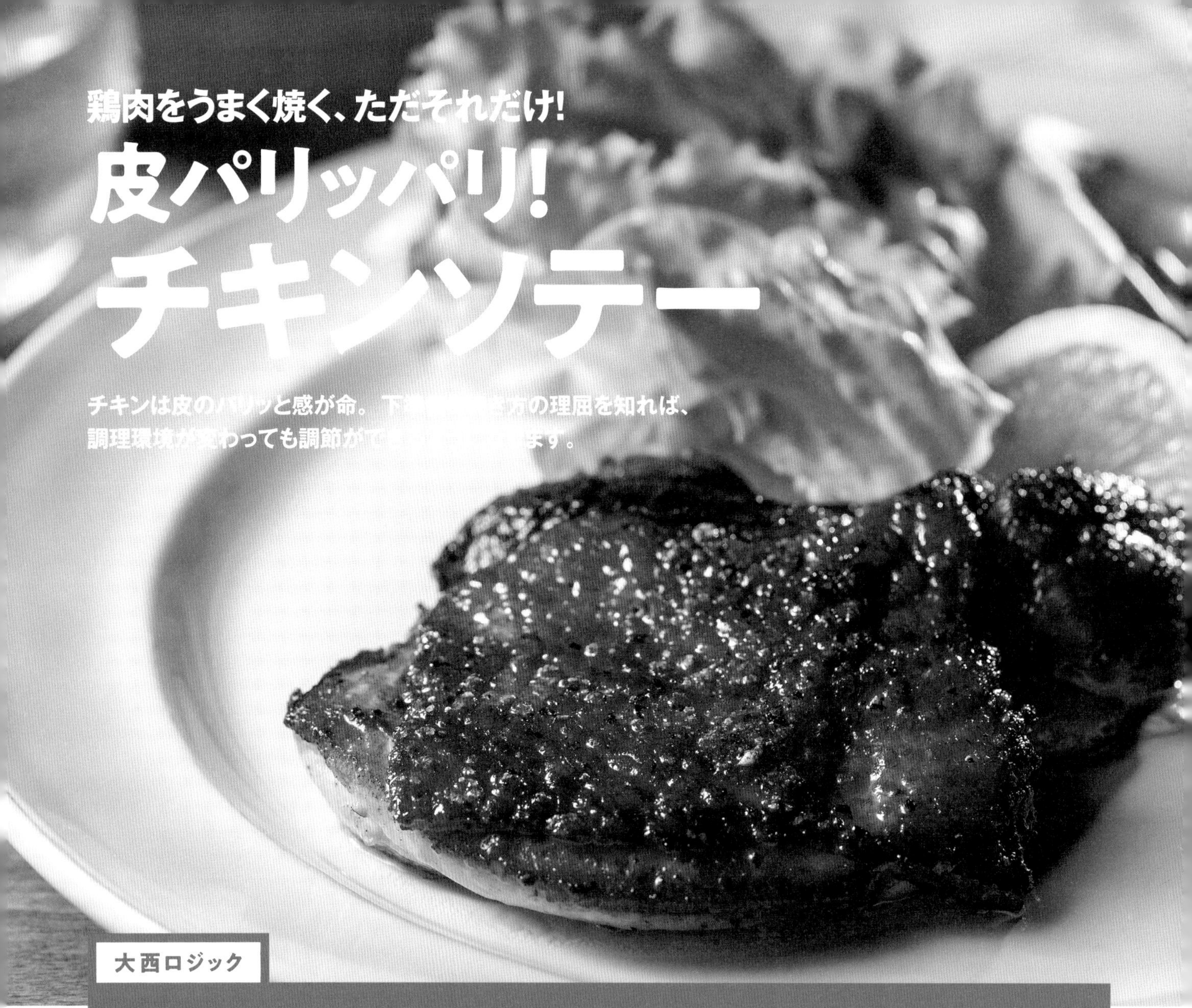

大西ロジック

Logic 1
鶏肉は観音開きにして厚みを均等に

鶏もも肉は軟骨があったらまず取り除きます。さらに火を通しやすく、ムラなく焼けるように、中心から両サイドに向かってそぎ、厚さが均等になるように観音開きにします。

Logic 2
鶏肉の下準備はしっかりと

鶏肉の臭みを取り、味が入りやすくするためにはアルコールの力が必要になります。酒は、鶏肉全体に行き渡るように揉み込んでください。塩、こしょうでしっかり下味をつけましょう。

Logic 3
鶏肉は常温に戻す

鶏肉は、焼く前に常温に戻しておいてください。冷たいと、中心温度が目標値に達する前に外側が焦げてしまいます。密閉保存袋に入れて、30℃ぐらいのお湯で温めてもOK。

Logic 4
押さえつけるように焼く

鶏肉の皮が縮んで反るのを防ぐため、ヘラやフライ返しなどで押しつけながら焼きます。皮目がパリッとするまでそのまま焼き、中心部は80℃まで温める感覚です。

材料（1人分）

鶏もも肉…100g
酒…少々（白ワインでも可）
塩…少々
ブラックペッパー…少々

つくり方

STEP 1 下準備をする

1 鶏肉は全体の厚みが均等になるよう、観音開きにする。

2 鶏肉全体に酒を振って揉み込む。塩、ブラックペッパーを全体に振り、常温になるまでしばらくおく。

STEP 2 鶏肉を焼く

3 鉄のフライパンにサラダ油少々（分量外）を強火で熱し、2の皮目を下にして焼く。

4 弱火に落とし、ヘラなどで押しつけながら4～6分焼き、皮がきつね色になってパリッとするまで焼く。

5 裏返してフタをし、弱火で3～4分焼いたら完成。

YouTubeはこちら

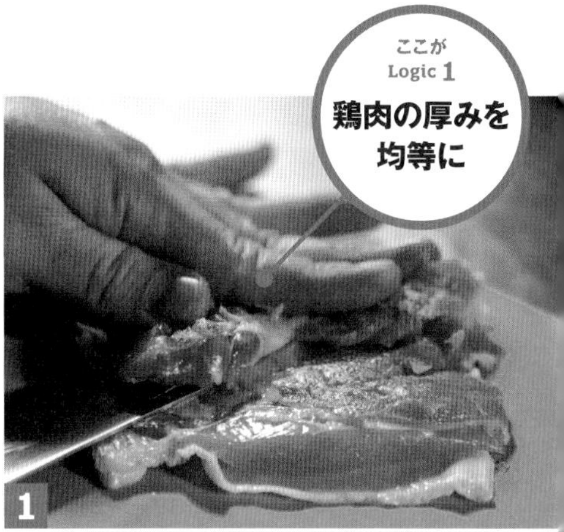

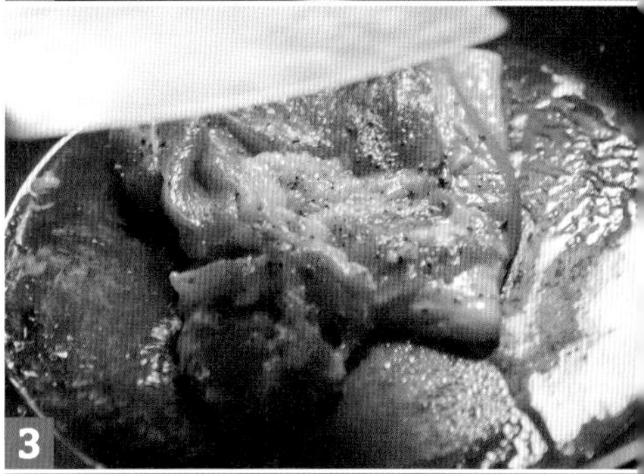

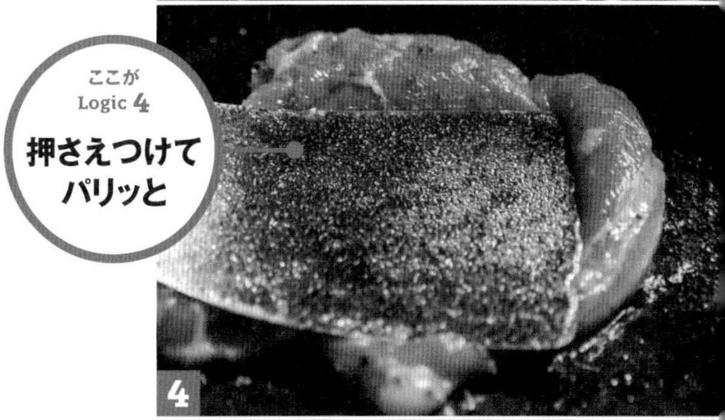

MEMO

塩の代わりに、塩麹でつくってもおいしいです。塩麹でつくる場合は焦げやすいので、火加減を調節しながら焼いてください。今回はシンプルに塩、こしょうで焼きましたが、お好みでスパイスやソースなどをかけて、アレンジしてみるといいですよ。焼き目のつき方は、フライパンのクセや鶏肉の温度、厚さなどで異なるので、自分の調理の環境で探りながらやってみてください。

失敗しないで“いい感じ”に仕上がる

炊飯器で放置プレイのローストビーフ

パーティー料理の華やかな定番。
実は炊飯器で簡単につくれてしまうんです!

大西ロジック

Logic 1

「保温」機能を使って炊飯器で低温調理

炊飯器は70〜75℃の低温調理に向いています。オーブンやフライパンでは、かたまり肉の中心温度の調節が難しいので、炊飯器を使うと楽に仕上げられます。

Logic 2

牛肉の中心温度と仕上がりをコントロールせよ

加熱しすぎるとかたくなり、温度が低すぎるとおいしく仕上がりません。中心温度をはかって、牛肉に合った火入れを。牛肉の代わりに豚肉や鶏肉で調理するときは75℃以上まで加熱して!

Logic 3

香りと味を際立たせる焼き目は最後に

外側に焼き目をつけるのは、よくいわれる「肉汁を閉じ込めるため」ではなく、メイラード反応によって香りと味をつけるためです。炙(あぶ)りたてがおいしいので最後に焼いてください。

Logic 4

牛肉の繊維に垂直に切る

パーティー向きのローストビーフ。お客さんに出すためにカットするときは、牛肉の繊維の向きに気をつけましょう。食べるときに繊維を断つ方向でスライスしたほうが、口当たりがよくなります。

材料（5人分）

牛かたまり肉…600g

塩…9g
（牛肉の重量の1.5%）

こしょう…適量（しっかりめ）

つくり方

STEP 1 牛肉を寝かせる

1 牛肉に塩とこしょうをまぶし、密閉保存袋に入れる。空気をしっかり抜いて30分寝かせる。

STEP 2 炊飯器で温める

2 炊飯器に1を密閉保存袋ごと入れ、70℃の湯をかぶる程度加える。

3 炊飯器の保温機能を使って90～120分温める（牛肉が厚めのときは長めに）。

4 密閉保存袋から取り出し、温度計で牛肉の芯温が60℃以上になっていることを確認する。

STEP 3 表面に焼き目をつける

5 バーナーで牛肉の表面に焼き目をつけたら完成。バーナーがなければ、フライパンを熱して強火で焼く。

YouTubeはこちら

MEMO

パーティー料理の定番! いい牛肉さえ用意すれば、炊飯器にお任せで失敗なくできる素晴らしいメニューです。脂分や筋が少ないもも肉、ロース肉がおすすめ。肩、すねなど筋のある部位は避けましょう。僕は最初ではなく最後に焼き目をつけるスタイル。全体がムラなく、香ばしく仕上がります。できあがったら、冷凍保存も可能。ソースはハンバーグのときにつくったソースを使っても美味ですが、結局わさびじょうゆが一番おいしい気がします。

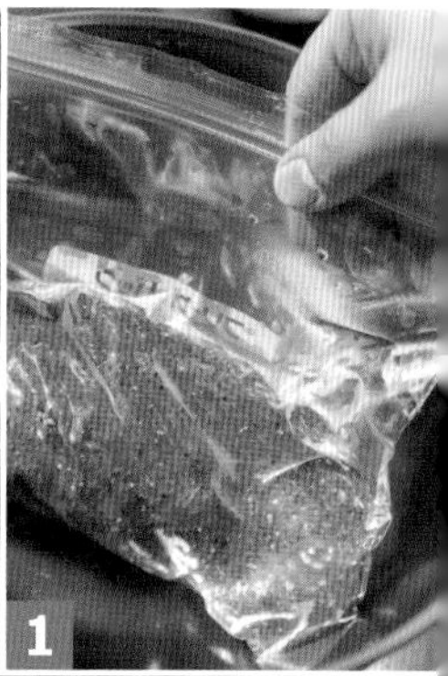

ここが Logic 1
炊飯器で低温調理

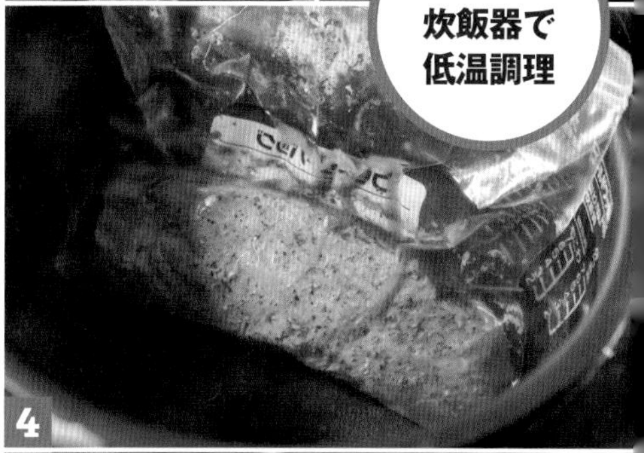

ここが Logic 3
焼き目は最後に

友人宅で「こんなものしかつくれないけど」って

アサリの白ワイン蒸しが出てきたら？

お手軽簡単なのに、なんだかやたらと意識高そうなメニュー！
これがつくれれば、みんなにドヤれます。

大西ロジック

Logic 1

アサリは砂抜き済みが便利

面倒に感じるアサリの砂抜きですが、今は冷凍の砂抜き済みアサリもあります。もちろん活アサリを買ってきた人は砂抜きをしましょう。81ページのYouTube動画を参考にしてみてください。砂抜き後に冷凍もできます。

Logic 2

熱したフライパンは使わない

にんにくや赤唐辛子は、低温からゆっくり加熱して油に香りとうま味を移します。そのためにはフライパンを常温にしておき、弱火で温めていきます。強火にすると、すぐ焦げてしまうので要注意。

Logic 3

アサリに火を入れすぎない

アサリを入れたら軽く混ぜて、すぐフタをしましょう。アサリがパカッと開いたらもう火が入った証拠。だいたい3分ぐらいで十分です。火を入れすぎると、身がかたくなってしまうので注意してください。

材料（1人分）

アサリ…10～12粒
パセリ…お好みで
にんにく…5g
白ワイン…30cc
赤唐辛子（輪切り）…1本分
オリーブオイル…30cc

つくり方

STEP 1 にんにくを温める

1 常温のフライパンにオリーブオイル、みじん切りにしたにんにく、赤唐辛子を入れて弱火にかける。

STEP 2 アサリに火を入れる

2 香りが立ったら中～強火にし、アサリと白ワインを加えてフタをする。

3 アサリが全部開いたら完成。仕上げにみじん切りにしたパセリを振る。

YouTubeはこちら
砂抜き

YouTubeはこちら
白ワイン蒸し

MEMO

アサリ料理は、チャチャッとできるものが多いので、急なお客さんにも重宝します。すごく簡単にできるアサリの白ワイン蒸しは、パスタと合わせれば「ボンゴレビアンコ」に！　さらにトマトソースも入れたら「ボンゴレロッソ」になります。赤唐辛子が苦手な方は入れなくてもOK！

意外とカンタン! うま味全開!

今宵はアヒージョでキメる!!

店でもすごく人気があるアヒージョは、
熱々のにんにく料理。
にんにく風味のオリーブオイルで、
食材を煮るだけ!

大西ロジック

Logic 1
カキの加熱は中心温度 85℃60 秒

カキはノロウイルスが怖いので、火はしっかり通したいのですが、加熱しすぎると水分が出て縮んでしまい、おいしくなくなります。中心温度が 85℃で 60 秒以上の加熱で殺菌できます。

Logic 2
にんにくは弱火にかける

弱火でじっくり加熱して、にんにくの香りと風味をオリーブオイルに移すことでうま味がアップします。最初から強火にかけると、にんにくがすぐ焦げて香りが損なわれてしまいます。常温の鍋を使い、低温からゆっくり加熱しましょう。

Logic 3
熱々の器、できればスキレットを

アヒージョは熱い油がバチバチした状態で食卓に並べたい料理。できればスキレットを温めておき、そこに盛りつければ雰囲気も一気にアップ。バゲットを添えて、うま味の凝縮されたオイルを堪能してください。

材料（1人分）

カキ…5個
アンチョビ…10g
ブロッコリー…5房
にんにく…10g
赤唐辛子（輪切り）…2本分
塩…小さじ1/2
ブラックペッパー…小さじ1/2
オリーブオイル…120cc

つくり方

STEP 1 ブロッコリーをゆでる

1 ブロッコリーは軽くゆでるか、蒸しておく。

STEP 2 アンチョビとにんにくを温める

2 アンチョビとにんにくをみじん切りにする。鍋にオリーブオイル、アンチョビ、にんにく、赤唐辛子を入れて弱火にかける。

STEP 3 カキに火を入れる

3 香りが立ってにんにくがきつね色になってきたら、カキ、1のブロッコリー、塩、ブラックペッパーを加えて中火にする。カキに火が通ったら完成。

YouTubeはこちら

MEMO

アヒージョは、調理中に油が飛ぶので、雪平鍋などで調理をし、最後に温めておいたスキレットに移しています。また、このアヒージョの油は、パスタに合わせるだけで、ペペロンチーノになります。ペペロンチーノ（P.94参照）の油を少なめにして、パスタのゆで汁を加えるタイミングでアヒージョのオイルも加えてみてください。最強のコンボに舌が躍ります！

アヒージョは熱々を出したいので、盛りつける器（スキレットや土鍋など）はあらかじめ温めておく。

パーティー参加者の視線を独占!

一歩先行く絶品サラダ

サラダは洗って切るだけ……じゃない!!
ちょっとした工夫を加えるだけで、ぐぐっとおしゃれに変身します!

大西ロジック

Logic 1

野菜の種類は3種類以上!

サラダをプロっぽくするには、少なくとも3種類以上の野菜が欲しい! できれば5種類くらい使うのが理想です。種類が多いと、見た目も食感も味もぐっと「お店っぽく」なります。脱おうちサラダ!

Logic 2

華やかにするにはサラダの色味を増やすこと

彩りよくするには、色数が多いことが大切。緑や赤以外にも黄色や赤紫といった、彩りのいい食材を入れてください。きゅうり、トマト、普通のレタスにマヨネーズでは、家感が強くなりがちです。

Logic 3

レタスはお湯でシャキッとさせる

レタスは、50℃のお湯に3〜5分浸けておくとシャキッとします。その他の野菜も、10〜15℃ぐらいの水に浸けておくと、浸透圧効果でシャッキリします。水気はしっかりきることもポイントです。

Logic 4

空気を含ませるように盛りつける

盛りつけは、葉ものを多めに、高く、彩りよく、空気をたくさん含ませるように盛りつけましょう。彩りの鮮やかなものは、最後に中央にまとめてトッピングすると、きれいに映えますよ。

材料（2～3人分）

サニーレタス…2枚
にんじん…中1/4本（50g）
大根…中1/8本
紫玉ねぎ…中1/4個（50g）
水菜…1株
ホールコーン（缶詰）…適量
自家製ドレッシング
…適量（右記参照）

つくり方

STEP 1 レタスを ぬるま湯に浸す

1 サニーレタスを50℃のお湯に3～5分浸す。

2 1を手でちぎり、食べやすい大きさにする。

STEP 2 他の野菜を 水にさらす

3 にんじんは細切りに、大根は太めの千切りに、紫玉ねぎは薄切りに、水菜は食べやすい長さに切る。

4 3を10～15℃の水にさらす。色移りを防ぐために、できれば別々のボウルを使う。

STEP 3 野菜の水気をきる

5 2、4、ホールコーンの水気をしっかりときる。空気を含ませるように、器に盛りつける。

YouTubeは こちら

自家製ドレッシング

ドレッシングの構成要素は、油＋香り、塩味、酸味、甘味、辛味、うま味の6つ。
それぞれの調味料を混ぜるだけで、
バラエティあふれるサラダがいただけます。

基本のイタリアンドレッシング

オリーブオイル…30cc
バジル（ドライ）…小さじ1
塩…2g
レモン汁…10cc
酢…10cc
砂糖…8g

中華風ごまドレッシング

ごま油…30cc
白炒りごま…大さじ1
しょうゆ…10cc
酢…15cc
砂糖…8g

和風玉ねぎドレッシング

サラダ油…30cc
おろし玉ねぎ…10g
しょうゆ…10cc
酢…15cc
みりん…10cc
白だし…5cc

のせて絶品! 赤ワイン泥棒!

濃厚でクリーミー!レバーペースト

下準備さえ丁寧にやれば、実に簡単
お酒が進む極上のおつまみの完成です

大西ロジック

Logic 1

鶏レバーはしっかり血抜きをする

そもそも新鮮なレバーを使うことが一番重要になりますが、レバー臭さの原因は残った血。血抜きは牛乳を使う方法がメジャーですが、それよりも水でしっかり洗うことが大切です。

Logic 2

汁気をしっかり飛ばして保存性を高める

汁気をしっかり飛ばすと保存性も高まり、冷凍しても品質があまり低下しません。加熱しすぎると、レバーのクセや臭みが強くなる傾向にありますが、ちゃんと血抜きをしていれば大丈夫。

Logic 3

フードプロセッサーでなめらかな食感を

レバーペーストは、舌触りが命です。フードプロセッサーを使うときは、ときどきフタを開けて均一に混ぜましょう。裏漉しをするのは面倒ですが、あえてひと手間かけて裏漉しをすると、劇的に仕上がりが変わります。

Logic 4

小分けにして冷凍も可能

店では50gずつラップでくるんで冷凍しています。解凍は冷蔵庫で時間をかけて戻します。アウトドアやホームパーティーに持っていけば羨望(せんぼう)の眼差しを集めること必至。

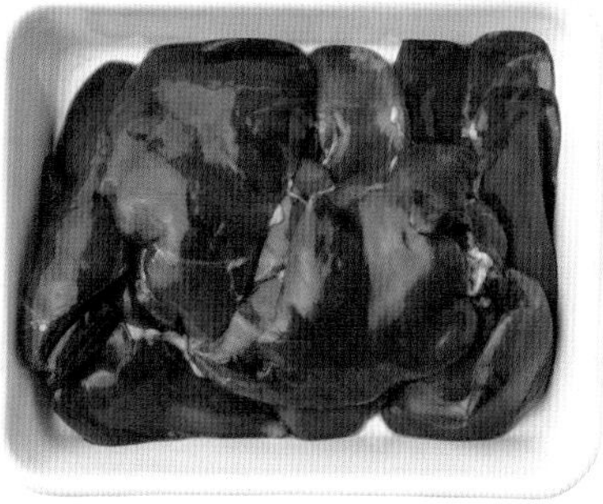

材料(4人分)

鶏レバー…200g
アンチョビ(ペースト)…10g
玉ねぎ…70g
にんにく…5g
バター…10g
白ワイン…40cc
ローリエ…2枚
鶏ガラスープの素…3g
はちみつ…5g
塩・こしょう…各少々
オリーブオイル…20cc
水…40cc

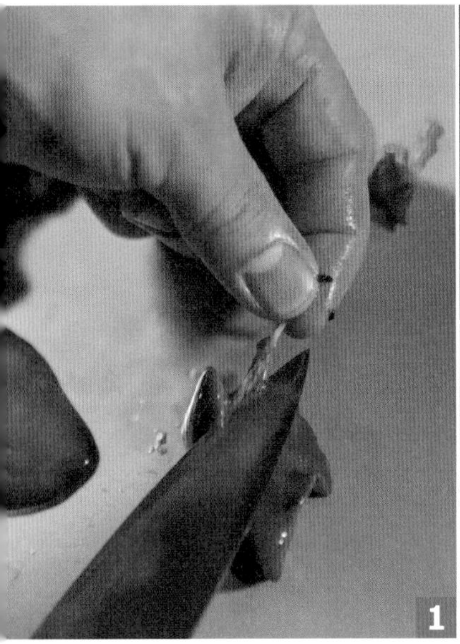

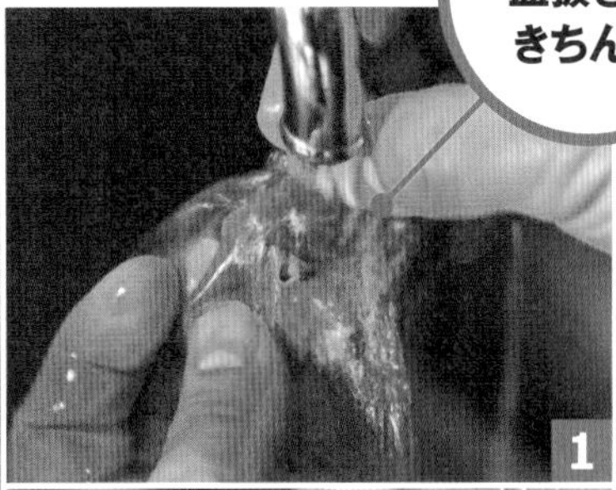

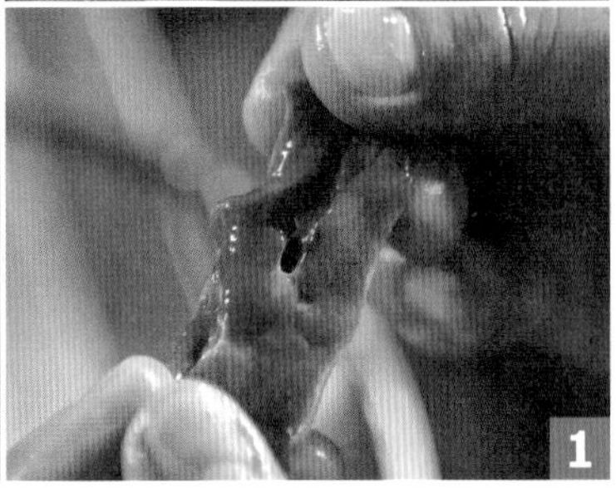

ここが
Logic 1
血抜きはきちんと

つくり方

STEP 1 レバーの下処理をする

1 レバー(200 g)は筋を取ってスライスし、流水で血管に残った血をしっかり取り除く。そのまま10分流水にさらす。

STEP 2 アンチョビと玉ねぎを炒める

2 玉ねぎ(70 g)は薄切りにし、にんにく(5 g)はみじん切りにする。

3 フライパンにオリーブオイル(20 cc)、にんにく、アンチョビ(10 g)を入れて弱火にかける。香りが立ってきたら玉ねぎを加え、しんなりするまで炒める。

STEP 3 レバーを加えて炒め煮する

4 レバーの水気をキッチンペーパーでしっかり拭き取り、3に加えて表面が白っぽくなるまで炒める。

5 白ワイン（40cc）、ローリエ（2枚）、水（40cc）で溶いた鶏ガラスープの素（3g）、はちみつ（5g）を加え、汁気がなくなるまで炒め煮する。

6 ローリエを取り出したらバター（10g）を加え、混ぜ合わせる。汁気が飛び、全体がなじんだら火を止める。

STEP 4 フードプロセッサーにかける

7 粗熱がとれたら、フードプロセッサーにかけてなめらかにする。よく混ざったら味見をし、塩、こしょう（各少々）で味を調える。さらに、裏漉しをするとよりなめらかになる。

MEMO

レバー嫌いな人の5人中4人が「食べられる!」と言ってくれるレシピです。敬遠している人にも食べてほしくて、スパイスや香味野菜を入れたり、いろいろと試しましたが、結局はシンプルな材料に落ち着きました。レバーはとにかく新鮮なことが大切なので、買うときはスーパーよりもお肉屋さんに相談してみてください。酒のお供に最高で、赤ワインやブランデー、アイラウイスキー、味の濃い日本酒にも合い、気づいたらどんどんなくなっている恐ろしいおつまみです。

COLUMN
<4>

料理は“草”で差をつけろ
ー添えるだけでプロ飯になる!!ー

手っ取り早く「プロのような≒家庭っぽくない」料理をつくりたいとき、
料理の香りづけや添え物にハーブを取り入れるのもテクニックです。
なかでも入手しやすく、使いやすいハーブをいくつかご紹介します。

パセリ

ほとんどのパスタの仕上げに使います。よく洗って、一度50℃のお湯に浸けてシャキッとさせてから葉の部分だけを摘み取り、水気をきってみじん切りに。

左から
イタリアンパセリ
セルフィーユ（チャービル）

料理の脇に小さな森のように添えられたパセリもいいのですが、プロっぽく仕上げたいなら、イタリアンパセリやセルフィーユをそっと添えて。イタリアンパセリは力強いイメージに、セルフィーユは繊細な仕上がりに。あまり味が際立たないのでどんな料理にも◎。

ディル

ほのかに甘く、さわやかな香りと味がします。魚料理によく合うといわれているハーブで、スープやパエリアなどとの相性がばっちりです。

左から
水菜
クレソン
ベビーリーフ

クセがなく、米料理から主菜、副菜、何にでも添えられる万能選手たちです。手に入りやすく、他のハーブよりも長持ちします。

左から
大葉
みょうが

和食の添え物にあると重宝します。刺身（特に鰹や青魚）に添えれば、助演男優賞を受賞するほどの、いい働きをしてくれます!

左から
バジル
ルッコラ

比較的手に入りやすく、洋食の添え物にぴったり。両方とも個性のある味がするので、料理のいいアクセントになります。トマトやチーズなどを使ったイタリアン料理との相性がよく、ワインが抜群に合います。

パクチー

苦手な人も多いですが、タイ料理や四川料理には欠かせません。本書では麻婆豆腐やガパオライスなどで使用。パクチーが流行り、何にでもパクチーを入れる傾向もありますが、合う料理にこそ力を発揮するハーブです。

ミント

デザートに必須のハーブ。アイスクリームにミントを飾るだけでもお店の雰囲気に。お酒が好きな方は、ぜひカクテルのモヒートもつくってみてください。

おまけ **【ハーブ保存法】**

❶10℃ぐらいの水に10分さらす。 ❷水気をしっかりきる。
湿ったキッチンペーパーでふわっと包み、密閉保存容器や袋に入れて冷蔵庫へ。1週間ぐらいは持ってくれます。

CHAPTER 5

どうりでウマい! 常連さんが絶賛するパスタ

大西のスタンダードとして絶大な人気を誇るのがパスタ。
YouTubeチャンネルでも群を抜いて再生回数が多いレシピを厳選!
失敗を重ねてようやくたどり着いた、
研究に研究に研究を重ねて完成した傑作(けっさく)レシピ!!

パスタの基本

まずはこれだけは絶対守ってほしい、ゆで方の極意を伝授!
なぜかパスタが物足りないと感じているのなら、
その理由は、ゆで方にあるのかもしれません。

»1

好みの麺を選べ!

「オイル系には細いパスタ」「クリーム系には平麺」など、このソースにはこのパスタが合うという考えは諸説ありますが、僕はお好みでいいと思っています。
「細麺」は表面積が多くなるので、ソースと絡みやすいのですが、時間が経つと伸びるのが早いというデメリットもあります。
「太麺や平打ち麺」は小麦の味がしっかりとしていますが、ゆで時間がかかります。
私はどんなソースであっても細めでかための食感が好きなので、パスタブランド「Barilla（バリラ）」の1.4mmを使っています（ゆで上がりが早く、お店の回転がよくなるという理由もある）。
同じ乾麺でも、「DE CECCO（ディ・チェコ）」というブランドは比較的表面がザラザラしており、こちらもソースが絡みやすいです。いろいろ試して、自身の好みのスタイルを築くことが大事です。

»2

しょっぱいお湯でゆでろ!

パスタは必ず、**「塩」**を入れたお湯でゆでましょう。なぜ塩を入れるかというと、一番の理由は、パスタに**「味」**をつけるため。適切な塩分のお湯でゆでたパスタは、オリーブオイルを絡めて食べるだけでも文句なくウマい。いや本当に!
もうひとつの理由は**「食感」**をよくするため。塩が入ることにより糊化が遅くなり、芯の少し残った「アルデンテ」に近くなります。また、小麦粉のグルテンという成分が強く結束し、歯切れのよい食感に。
パスタづくりでもっとも失敗しやすいのが、塩の分量。塩をひとつまみとかパラパラ入れてもほぼ無意味です。お湯に対して**「1～1.4%の塩分濃度」**が理想と考えます。慣れてくると「普通の味噌汁よりちょっとしょっぱいかな」という感覚でできるようになりますが、まずはしっかりとはかることをおすすめします。あなたが思っているよりもきっと、信じられないくらい多い塩の量だから! しょっぱいゆで汁はソースの味つけにも使います! また、できるだけたっぷりのお湯でゆでてください。少ないと、パスタを入れたときに温度が下がってしまうし、ゆでている間に水分が蒸発して塩分濃度が濃くなってしまうからです。できればパスタ100～200gをゆでるには、お湯は3ℓ以上は欲しいところです。YouTubeの動画では、お湯5ℓに対し、塩は約70g入れています。

»3

ゆで時間を逆算せよ!

パスタのかたさはそれぞれ好みがありますが、ゆで上げ直後は、ちょっとだけ芯が残るくらいの「アルデンテ」の食感がおいしいといわれています。なぜなら、パスタはお湯からあげてからも余熱で温まり、やわらかくなっていくからです。ソースと絡めて盛りつけて、食卓に運んで、口に入れたときにちょうどいい食感となるように、**「時間を逆算」**してゆで時間を算出します。まずは袋に書いてあるゆで時間から**「－1分」**で始めてみるといいと思います。ゆで上げた瞬間に食べてみると「こんなにかたいのに大丈夫?」と思うくらいかたいです。でもその後、パスタソースに入れた温かいゆで汁も吸ってやわらかくなります。ゆで汁はしっかり入れてください。

» 4

常温のフライパンでにんにくを温めよ!

ほとんどのパスタの最初の工程は、**「常温のフライパン」**にオリーブオイルとにんにく(ときに赤唐辛子)を入れて弱火にかけることです。常温から徐々に火を入れることで、にんにくや赤唐辛子の**「味と香り」**をオイルに移していくのです。この「にんにくオイル」が味の決め手。熱々のオイルににんにくなどを入れてしまうと、味と香りが出る前に焦げてしまい、苦味やえぐみだけが強調されたソースになってしまいます。必ず常温のフライパンで、ゆっくり加熱していってください。

» 5

パスタのゆで汁で乳化させよ!

オイル系のパスタソースをつくる最後の工程は、パスタのゆで汁を入れて撹拌し、ソースの乳化を促進させること。個人的には乳化よりもゆで汁にしっかり塩を入れることのほうが圧倒的に大事だと思うのですが、世のパスタ(主にペペロンチーノ)のレシピを見ると、乳化についてとてもたくさんの説が語られています。なぜゆで汁を入れるのか？　乳化させることでどんな効果があるのか？　について、僕なりの見解がこれ↓

ゆで汁を入れることで

●ソースに塩味をつける

●ゆで上げてからも麺が吸う水分を補う

乳化させる意味は

●ソースに粘度をつけることにより、麺に絡みやすくさせる

●ソース内のさまざまな味を一体化させてなじませる

だと思っています。

下の写真のように、オイリーなソースにゆで汁を入れることでとろみがつき、パスタによく絡むという原理なのですが、パスタをゆでる前のお湯でも乳化はします。ただ、ゆでた後のほうがでんぷん質が溶け出し、乳化剤となって乳化しやすいのです。また、ゆで汁を入れたときに、「ジュー!」と音を立てて沸騰するぐらい熱い状態のソースのほうがさらに乳化しやすくなります。ただしソースの乳化は科学的に強固ではないため、時間が経つと分離してしまうので気をつけて。

今探していたのはこのレシピ!

再生回数200万超! 革命的ペペロンチーノ

なぜかみんな極めたくなる、パスタの基本。
これがつくれれば、いろんなパスタが応用でつくれます!

大西ロジック

Logic 1

パスタのゆで方を極める

パスタをゆでるお湯は1.4%の塩分濃度で、パスタに味と食感をつけることが鉄則。思ったより多めです！　大西は細めでかための食感が好きなので、バリラというメーカーの1.4mmのパスタを使っています。

Logic 2

にんにくの切り方に差を出す

にんにくは、半分はスライス、残りはみじん切りにしましょう。香りを出すためにスライスを使い、味を感じやすいようにみじん切りを使います。にんにくは常温の油から温めて香りを出します。

Logic 3

赤唐辛子で辛さを調節

赤唐辛子は種類によっても差が出ます。香りを出したいので、輪切りの赤唐辛子を使いますが、ホールでもOK。ホールを使うと種まで入るので、辛味が強くなります。お好みで調節してください。

Logic 4

ゆで汁を入れることで乳化を

最後にパスタのゆで汁を加えて、フライパンを揺らします。しっかり乳化させることでとろみが出るので、ソースがパスタに絡みやすくなります。ゆで汁の塩分も味になります。

材料（1人分）

パスタ…100g
にんにく…10g
赤唐辛子（輪切り）… 1本分
塩…適量
（パスタをゆでる湯量の1.4%）
オリーブオイル…30cc

パセリ…適宜

つくり方

STEP 1 にんにくを温める

1 にんにく（10 g）の半量をスライスに、残りをみじん切りにする。塩（適量）を入れた湯でパスタ（100 g）をゆで始める。

2 フライパンにオリーブオイル（30 cc）とスライスしたにんにくを入れて弱火にかける。

3 フツフツと泡が出てきたら、みじん切りにしたにんにくと赤唐辛子（輪切り／1本分）を加える。

STEP 2 ソースを乳化させる

4 にんにくが茶色っぽく色づいてきたら、焦げる直前にパスタのゆで汁（オリーブオイルの同量〜倍程度）を加えて乳化させる。

STEP 3 パスタを絡める

5 ゆで上がったパスタを4に加え、ソースを絡めてさらに乳化させる。

6 器に5を盛りつけ、お好みでみじん切りにしたパセリを振ったら完成。パスタを美しく盛りつけるポイントは、トングで手首をひねって「丸く」「高く」。

YouTubeは
こちら

MEMO

YouTubeの動画で、再生回数200万超えのペペロンチーノ。みなさん、ご覧になってつくっては「正解」を確認しに店に食べにきてくださるのですが、「こんなにおいしくはつくれない…」と言う方があまりに多いので、保存版を掲載します！　まずはパスタをゆでる塩をきちんとはかることが大事。パスタ料理の基本です。にんにくは常温から、熱伝導率の高いアルミのフライパンで調理するのがおすすめです。ただ、ペペロンチーノに「正解」はありません。100人のシェフがいれば100通りのレシピがあるといわれているほどです。「あなた自身のペペロンチーノ」を探しに、パスタづくりの海へ漕ぎ出してください！

しょうゆの香ばしさが食欲をそそる!

薫り高きねぎときのこの和風パスタ

長ねぎと3種のきのこを使った、和風テイスト。
きのこのだしとうま味が濃縮された味わいがたまらない。

大西ロジック

Logic 1
パスタのゆで方を極める

パスタをゆでるお湯は1.4%の塩分濃度で、パスタに味と食感をつけることが鉄則。塩は、想像しているよりも多いと感じると思いますが、必ず分量通りに。おいしさはここで決まります。

Logic 2
多めのきのこを軽めに炒める

きのこ類は加熱することでしんなりし、かなりボリュームダウンするので、多めに用意しましょう。加熱しすぎると食感が悪くなるので、油を温めてから加え、軽めに炒めてください。

Logic 3
具材を変えても楽しめる

きのこは、どんなきのこを使ってもOK！　エリンギを入れれば食感も楽しめます。その他、肉、魚、貝類などをプラスしてもおいしさアップ。冷蔵庫にあるもので簡単につくれます。

Logic 4
和風パスタの基本味はしょうゆとみりん

味つけの基本は、にんにくオイル、しょうゆ、みりん、だしです。全部まとめてめんつゆで代用することもできますが、材料をそろえてつくったほうが超絶おいしくなります。

材料（1人分）

パスタ…100g
長ねぎ（白い部分）…3cm
しめじ…1／4パック
えのきだけ…1／4袋
舞茸…1／2パック
にんにく…5g
赤唐辛子（輪切り）
…小さじ1／2
しょうゆ…10cc
みりん…10cc
白だし…5cc
（顆粒だしなら小さじ1／2）
塩…適量
（パスタをゆでる湯量の1.4%）
ごま油…30cc

水菜…適宜
白炒りごま…適宜
山椒…適宜

MEMO

和風パスタの味つけは、しょうゆ、みりん、白だし。この味に合う食材なら、鶏肉の他、イカ、アサリ、ホタテなどの魚介を入れてもおいしいです。パスタを盛るとき、器はお湯を入れておくなどして温めておくと、冷めにくくなります。

つくり方

STEP 1 きのこ類を炒める

1 常温のフライパンにごま油、みじん切りにしたにんにく、赤唐辛子を入れて弱火にかける。塩を入れた湯でパスタをゆで始める。

2 フツフツと泡が出て香りが立ってきたら、ほぐしたしめじ、えのきだけ、舞茸を炒める。

STEP 2 ソースを乳化させる

3 きのこ類がしんなりしてきたら、しょうゆ、みりん、白だしを加え、パスタのゆで汁50ccを加えて乳化させる。

4 長ねぎをみじん切りにし、3に加える。

STEP 3 パスタを絡める

5 ゆで上がったパスタを4に加え、ソースを絡める。

6 器に5を盛りつけ、お好みで食べやすい長さに切った水菜、ごま、山椒を散らしたら完成。

YouTubeはこちら

ここが Logic 2
きのこは軽く炒める

ここが Logic 4
和風の味つけに

保存もできて万能!

もう手放せない リッチな トマトソース

いろんなものに使えるおいしいトマトソース。
パスタを絡めるだけで１品できあがります。

大西ロジック

Logic 1

トマトは細長いタイプを

ホールトマト缶を使うときは、日本の丸いトマトではなく、細長いタイプのイタリアントマト、サンマルツァーノ種がおすすめ。果肉部分が多いので、加熱でうま味が出やすくなります。

Logic 2

あめ色玉ねぎで うま味アップ

玉ねぎの辛味成分をうま味や香りに変えるためには、あめ色になるまで炒めること。玉ねぎに塩を加えて炒めることで、脱水されて早く火が通ります。あめ色とは、つまりたぬき色！　強火で炒めて水を加えながら調節します。

Logic 3

冷凍保存すれば まろやかに

たくさんつくったら、冷凍保存がおすすめ。つくりたてはトマトの風味が強く、保存したもののほうが酸味が抜けてまろやかな味わいになります。レシピはトマト缶１缶の分量ですが、大量につくっておけばちょっとした調理にも使えて便利。

Logic 4

パスタ料理との 相性が抜群!

トマトソースとパスタは相性抜群。トマトソースをパスタのゆで汁と合わせることでとろみが出て、パスタに絡みやすくなります。最後にパセリを振ったり、粉チーズをかけると、彩りも味わいもアップ。

材料

トマト缶（ホール）…400g
玉ねぎ…大1個（300g）
にんにく…10g
塩…3g
オリーブオイル…30cc

MEMO

何にでも使えるトマトソース！　トマトを煮詰めていくと、酸味が飛んでうま味が凝縮されていきます。この後、このソースで何をつくるのかによって、どこまで煮詰めて汁気を飛ばすかを決めてください。鶏肉やサバを煮込んだり、パスタ料理に使ってトマトソースにバジル、オリーブ、アンチョビを加えるなど、アレンジしてみてください。

つくり方

STEP 1 あめ色玉ねぎをつくる

1 玉ねぎをみじん切りにする。フライパンにサラダ油少々（分量外）を熱し、玉ねぎと塩ひとつまみ（分量内）を入れて炒める（P.120参照）。玉ねぎがあめ色になったら取り出す。

STEP 2 にんにくを温める

2 常温のフライパンにオリーブオイルとみじん切りにしたにんにくを入れて弱火にかける。

STEP 3 トマトを煮詰める

3 香りが立ってにんにくが色づいてきたら1のあめ色玉ねぎ、トマト缶、残りの塩を加えて中火にし、トマトをつぶしながら煮詰める。お好みの濃度になったら完成。

YouTubeはこちら

保存の仕方

トマトソースは小分けにして保存できます。1人前（80～100g）ずつラップに包んで冷凍をしておくと、使うときに1つずつ解凍できて便利です。解凍は電子レンジでもOKです。

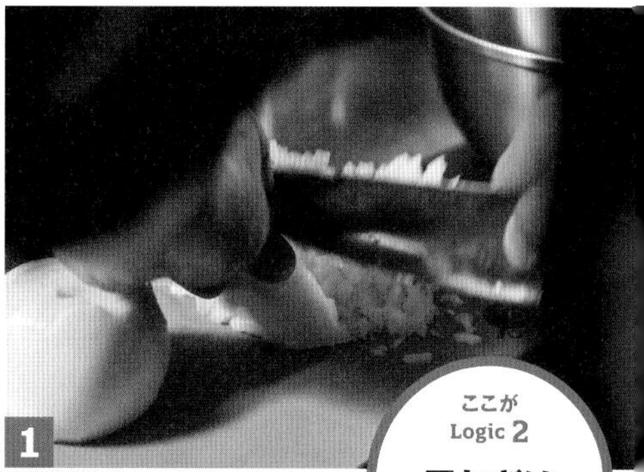

ご近所でもウワサになる

誰もが虜(とりこ)の トマトソースパスタ

しっかりとうま味のあるトマトソース。
ひと口食べて
「えっ、これミートソースじゃないの!?」と驚く人も。

材料（1人分）

パスタ…100g
にんにく…5g
トマトソース…100g(P.100参照)
塩…適量
（パスタをゆでる湯量の1.4％）
オリーブオイル…20cc

YouTubeはこちら

つくり方

STEP 1 にんにくを温める

1 常温のフライパンにオリーブオイルとみじん切りにしたにんにくを入れて弱火にかける。塩を入れた湯でパスタをゆで始める。

STEP 2 ソースを乳化させる

2 にんにくが焦げる直前に、パスタのゆで汁50ccとトマトソースを加えて乳化させる。

STEP 3 パスタを絡める

3 ゆで上がったパスタを2に加え、ソースを絡めたら完成。

MEMO

まさに、シンプル・イズ・ベスト。トマトソース本来の実力を楽しめるパスタです。もちろん、肉、魚介、野菜を加えるなどのアレンジも自由自在です！

トマトソースパスタアレンジ

トマトソースパスタがつくれれば、
チーズや生クリームを加えるだけでとても簡単に、違った味わいが楽しめます。

4種のチーズのトマトパスタ

材料（1人分）

トマトソースパスタ…1人分（P.102参照）
ミックスチーズ…30g
グラナ・パダーノ（粉チーズ）…10g

つくり方

STEP 1 トマトソースにチーズを加える

1 トマトソースパスタをつくる工程で、トマトソースを加えた後にミックスチーズを加える。

STEP 2 パスタを絡める

2 チーズが溶けたら、ゆで上がったパスタを加えて絡める。仕上げにグラナ・パダーノを振りかける。

MEMO

パスタは味だけじゃなくて、名前の印象も大事。「ミックスチーズ」には、モッツァレラチーズ、ゴーダチーズ、チェダーチーズなどたいてい3種類ほどのチーズが入っています。これを使うだけで、メニュー名に『3種のチーズの』とうたうことができます。さらに粉チーズを合わせることで、4種に！

トマトクリームパスタ

材料（1人分）

トマトソースパスタ…1人分（P.102参照）
牛乳…30cc
生クリーム…30cc

YouTubeはこちら

つくり方

STEP 1 牛乳と生クリームを加える

1 トマトソースパスタをつくる工程で、トマトソースを加える際に牛乳と生クリームも加える。

STEP 2 パスタを絡める

2 フツフツとしてきたら、ゆで上がったパスタを加えて絡める。

MEMO

トマトソースと一緒に牛乳と生クリームを加えた、クリーミーなパスタです。牛乳と生クリームの割合はお好みですが、牛乳が多いとさっぱり、生クリームが多いと濃厚に仕上がります。具を加えるなら、シーフードや鶏肉、きのことも相性が◎。アレンジの幅が広いパスタです。

トマトソースがあれば簡単! だけど…

常識破りのボロネーゼ

肉感たっぷりのボリュームあるパスタです。
火を通してあるひき肉を
ソースに使うのがポイントです。

大西ロジック

Logic 1

パスタは太麺もイケる

このレシピでは、細麺のパスタでつくっていますが、味の濃いソースなので、太麺（1.9mmや平打ち麺など）を使っても、小麦の味がよく感じられておいしいです。細麺だとソースがよく絡みます。

Logic 2

ケチャップの汁気を飛ばす

ベチャベチャになりやすいケチャップは、少し汁気を飛ばすことで、うま味を凝縮させて酸味を調節します。ただ、あまり火を入れすぎると酸味が消えてしまうので、火加減と加熱時間に注意をしましょう。

Logic 3

肉＋トマトはうま味の2乗効果!

肉のイノシン酸とトマトのグルタミン酸。2つのうま味成分が掛け合わさると、ウマさが爆発！　さらにケチャップやグラナ・パダーノにもうま味成分が入っているので、非常に強い味に仕上がります。

Logic 4

五味＋うま味の複雑な味わい

ボロネーゼには、五味の甘・辛・酸・苦・塩のすべての要素が入っています。ソース以外に、トッピングのパセリ、グラナ・パダーノ、ブラックペッパーが苦・辛などに貢献するので、できるだけ加えてあげましょう。

材料（1人分）

パスタ…100g
ザージャン…50g（P.58参照）
にんにく…5g
トマトソース…80g
（P.100参照）
ケチャップ…20g
塩…適量
（パスタをゆでる湯量の1.4％）
オリーブオイル…20cc

パセリ…適宜
グラナ・パダーノ（粉チーズ）
…適宜
ブラックペッパー…適宜

つくり方

STEP 1 にんにくを温め、ケチャップを加える

1 常温のフライパンにオリーブオイルとみじん切りにしたにんにくを入れて弱火にかける。塩を入れた湯でパスタをゆで始める。

2 にんにくが焦げる直前にケチャップを加え、軽く汁気を飛ばす。

STEP 2 ソースを乳化させる

3 ザージャン、トマトソース、パスタのゆで汁50ccを加えて乳化させる。

STEP 3 パスタを絡める

4 ゆで上がったパスタを3に加え、ソースを絡める。器に盛り、お好みでみじん切りにしたパセリ、グラナ・パダーノ、ブラックペッパーを振ったら完成。

YouTubeはこちら

MEMO

本来は赤ワインやデミグラスソースでつくるのを、ザージャン+ケチャップ+トマトソースでうま味や風味を代用して表現する自由さを感じていただきたいです。伝統ももちろん大切ですが、ウマいことはもっと大事です！

刺激的にスパイス香る

エキゾチックな ペンネアラビアータ

ペンネを使った辛いトマトソースのパスタ。
スパイスをしっかり使って、本格的な味わいに。

大西ロジック

Logic 1
スパイスを入れて深い味わいに

純粋な辛さ調節にチリパウダー、味に奥行きを持たせるパプリカパウダー、香りづけをするナツメグとシナモン。スパイスをうまく使って、本格的なアラビアータを演出します。

Logic 2
辛さは自分で調節できる

輪切りの赤唐辛子だけでなく、ホールの赤唐辛子の種まで入れたり、チリパウダーを入れると、より辛くなります。僕はしっかり辛いほうがウマいと思っていますが、辛さはお好みで調節を。

Logic 3
ゆで加減は少しかため

ペンネはゆで時間がかかるものがあるので、ソースをつくりながら同時進行で。時間よりちょっと早く、少しかたいと思うぐらいで引き上げます。引き上げた後でも余熱で少しやわらかくなります。

Logic 4
ゆで汁を入れることで乳化を

ペンネを使うときは、最後にパスタのゆで汁を気持ち多めに入れてパサつきをおさえます。フライパンを揺らして、しっかり乳化させることで、ソースとパスタが絡みやすくなります。

材料（1人分）

パスタ（ペンネ）…100g
にんにく…5g
トマトソース…100g
（P.100参照）
赤唐辛子（ホール）…3本
赤唐辛子（輪切り）
…小さじ1/2

A
- ナツメグ…小さじ1/3
- シナモン…小さじ1/3
- パプリカパウダー…小さじ1/3
- チリパウダー…小さじ1/3
- ブラックペッパー…小さじ1/3

塩…適量
（パスタをゆでる湯量の1.4%）
オリーブオイル…30cc

パセリ…適宜
グラナ・パダーノ（粉チーズ）…適宜
ブラックペッパー…適宜

MEMO

スパイスがいい味を出すアラビアータ。ソフリットなどがあればより本格的です。どうしても味がキマらないなと思ったら、だしの素をひと振りすると、味がキマります。カレーなどに使うクミンやカルダモンなどを入れて、ひと味違うエキゾチックな雰囲気を演出するもよし。カレー粉を少し入れてもおいしく仕上がります。

つくり方

STEP 1 にんにくと赤唐辛子を温める

1 常温のフライパンにオリーブオイル、みじん切りにしたにんにく、ホールの赤唐辛子（辛くしたい場合は、つぶして種も入れる）を入れて弱火にかける。

2 フツフツと泡が出てきたら、輪切りの赤唐辛子も加える。塩を入れた湯でパスタをゆで始める。

STEP 2 ソースを乳化させる

3 赤唐辛子が黒っぽく色づき、にんにくが焦げる直前にトマトソース、ゆで汁50cc、Aを加えて乳化させる。

STEP 3 パスタを絡める

4 ゆで上がったパスタを3に加え、ソースを絡める。器に盛り、お好みでみじん切りにしたパセリ、グラナ・パダーノ、ブラックペッパーを振ったら完成。

YouTubeはこちら

懐かしのあの喫茶店の味

目からウロコの秀逸ナポリタン

実は和製料理で、喫茶店の定番人気メニュー、ナポリタン。
なんと！ 前日にゆでたパスタを使うことでおいしさが倍増します。

大西ロジック

Logic 1

パスタは前日にゆでておく

ナポリタンの場合、少しやわらかい麺のほうがおいしくなります。乾麺を直前にゆでるのではなく、ゆでてひと晩冷蔵庫で寝かせたパスタを使うと、食感がやわらかく、モチモチに仕上がります。

Logic 2

ケチャップはしっかり炒める

ナポリタンの要、ケチャップは1人前80g。ベチャベチャにしないためにも、ケチャップはしっかり炒めて酸味を飛ばし、うま味を凝縮させてください。汁気が飛んでまとまってきてから、ピーマンの投入を。

Logic 3

ピーマンが名脇役に

ケチャップ、玉ねぎの甘味でぼやけがちな味を、火を入れすぎないことで保たれるピーマンの苦味が引き締めてくれます。彩りとしても緑があると映えるので、ピーマンは必ず入れてください。

Logic 4

3つのアミノ酸が合わさって味わいに

ケチャップのグルタミン酸、ベーコンのイノシン酸、マッシュルームのグアニル酸、この３種類のうま味成分を掛け合わせることで、さらに味の総合力を格上げします。

材料（1人分）

ゆでたパスタ…200g
（乾麺の状態だと100g）
ベーコン…30g
（ソーセージやハムでも可）
玉ねぎ…中1/4個（50g）
ピーマン…1個
マッシュルーム…1個
（水煮でも可）
しょうゆ…5cc
ケチャップ…80g
みりん…15cc
塩…適量
（パスタをゆでる湯量の1.4%）
オリーブオイル…少々

パセリ…適宜
粉チーズ…適宜

MEMO

ナポリタンの最終目標は「懐かしのあの味」なので、モチモチ食感のやわらかいパスタ、炒めたケチャップ味は必須。パスタは前日仕込んでやわらかめにします。ベーコンや麺はしっかり焼きたいため、焦げ目のつけやすい鉄のフライパンがおすすめ。他のパスタ料理では使っていませんが、ナポリタンにかける粉チーズは、おなじみの緑の「クラフト100%パルメザンチーズ（森永乳業）」が一番だと思います。やっぱりこの味！

つくり方

STEP 1 パスタは前日にゆでておく

1 パスタは塩を入れた湯でゆで、オリーブオイルを絡めたら、ひと晩冷蔵庫で寝かせる（もしくは表示よりも1～2分多くゆでる）。

STEP 2 ベーコンと野菜を炒める

2 ベーコンとピーマンは細切りにし、マッシュルームは薄切りにする。玉ねぎはくし形切りにする。

3 フライパンにサラダ油少々（分量外）を熱し、ベーコンを焦げ目がつくまで炒める。

4 玉ねぎとマッシュルームを加え、しんなりするまで炒める。

STEP 3 ソースをつくる

5 4にしょうゆ、ケチャップ、みりんを加えて炒め、色が濃くなるまでしっかり汁気を飛ばす。

6 具材がまとまってきたら、ピーマンを加えて軽く炒める。

STEP 4 パスタを絡める

7 1のパスタを6に加え、ソースを絡めながら炒める。器に盛り、お好みでみじん切りにしたパセリと粉チーズを振ったら完成。

YouTubeはこちら

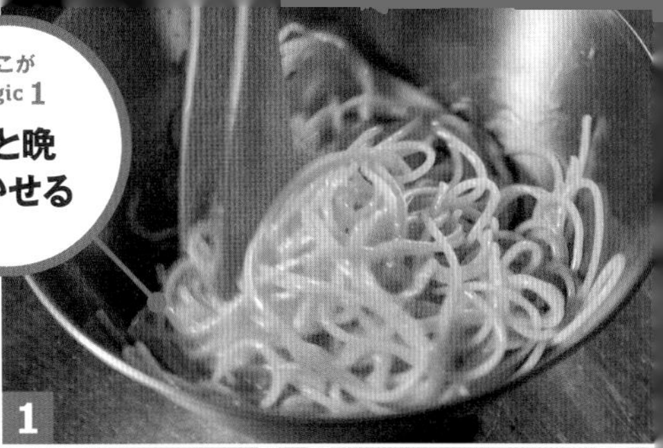

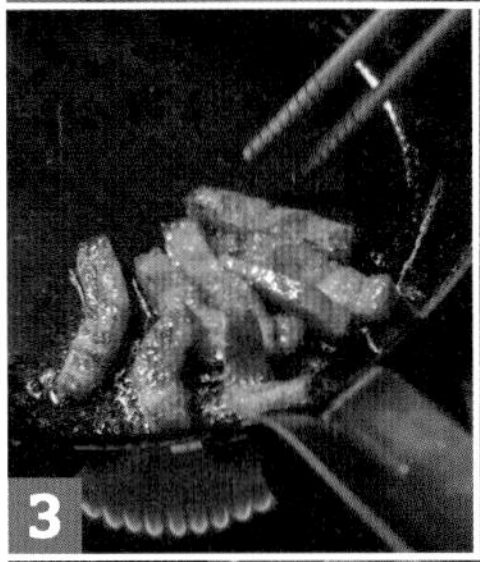

食卓に地中海の風が吹く

本物のジェノベーゼを探しにいこう

圧倒的に差がつく料理のひとつ、ジェノベーゼ。
グラナ・パダーノと松の実は代用しないことがポイント!

大西ロジック

Logic 1

パスタのゆで方を極める

パスタをゆでるお湯は1.4%の塩分濃度で、パスタに味と食感をつけることが鉄則。塩は、想像しているよりも多いと感じると思いますが、必ず分量通りに。おいしさはここで決まります。

Logic 2

バジルは冷蔵庫に入れておく

バジルは、温まるとすぐに色が悪くなるので、調理する直前まで冷蔵庫に入れておきます。フードプロセッサーにかけた後も、次の工程で少し間があくなら冷蔵庫で冷やすこと。風味も色も保てます。

Logic 3

調理器具はなるべく冷やしておく

バジルの色落ちを防ぐため、できるだけ冷やした調理器具を使います。別の調理をした後の温かいフライパンを使うと、温度が上がりすぎてしまい、すぐにバジルが黒くなってしまいます。

Logic 4

粉チーズは種類を選ぶ

粉チーズは、パルミジャーノ・レッジャーノかグラナ・パダーノ(少しさっぱり味)をおすすめします。よく見かけるスーパーの粉チーズは、ここではNG。味に明らかな差が出ます。

材料（1人分）

- パスタ…100g
- バジル…20g
- パセリ…大さじ1
- にんにく…5g
- 松の実…5g
（クルミやカシューナッツでも可）
- グラナ・パダーノ（粉チーズ）
…15g
- 塩…適量
（パスタをゆでる湯量の1.4%）
- オリーブオイル…50cc

- バジル…適宜
- レモン…適宜

MEMO

「普通の料理好き」がやらない料理をあえてつくるのが、「ヤバいほどの料理好き」！ 松の実は食材費や入手難易度が高めではありますが、あえてきちんとそろえましょう。バジルは思い切ってたくさん入れてOK。なめらかなペーストにするには、フードプロセッサーをかけっぱなしにするのではなく、まわりについた葉を丁寧に取りながら、少しずつ回すこと。僕はパスタは細麺でつくりますが、ジェノベーゼの質感をたっぷり楽しみたいなら、太麺のパスタも合います。

つくり方

STEP 1 具材をペーストにする

1 フライパンで松の実を炒る。塩を入れた湯でパスタをゆで始める。

2 バジル、パセリ、にんにく、松の実、グラナ・パダーノ、オリーブオイルをフードプロセッサーにかけ、なめらかにする。

STEP 2 パスタを絡める

3 常温のフライパンに2のペースト、ゆで上がったパスタ、パスタのゆで汁50ccを入れて中火にかける。

4 ソースが温まってバジルから香りが立ち、チーズが溶けたら完成。器に盛り、お好みでバジルと輪切りのレモンを添える。

YouTubeは
こちら

王道だからこそ欠かせない！

これだけは知っておきたい 和風たらこパスタ

難しいことはひとつもナシ。混ぜて絡めるだけ。
週末ランチにもってこいの逸品。

大西ロジック

Logic 1

パスタのゆで方を極める

パスタをゆでるお湯は、1.4%の塩分濃度にしてパスタに味と食感をつける目的もあります。塩は、想像しているよりも多いと感じると思いますが、必ず分量通りに。おいしさはここで決まります。

Logic 2

ボソボソにならない秘訣は乳化した油分

バターとゆで汁で乳化させることで、パスタにソースがきちんと絡み、ボソボソになりにくくなります。温度が低くなると油分が固まってしまうので、できるだけ早く調理しましょう。

Logic 3

明太子パスタにする豆板醤マジック

なんと、たらこに豆板醤を少し加えると、明太子の味を表現できます。辛い料理が好きな人はぜひお試しあれ。辛さは豆板醤の量で調節できるので、お好みの量で加減を。

材料（1人分）

パスタ…100g
たらこ…20g
バター…15g
しょうゆ…小さじ1
みりん…小さじ1
白だし…小さじ1/2
塩…適量
（パスタをゆでる湯量の1.4％）
オリーブオイル…10cc

白炒りごま…適宜
海苔（乾燥）…適宜

つくり方

STEP 1 パスタをゆでる

1 塩を入れた湯でパスタをゆで始める。

STEP 2 ソースをつくる

2 フライパンにたらこ、しょうゆ、みりん、白だし、オリーブオイルを入れて中火にかけ、よく混ぜ合わせる。

STEP 3 パスタを絡める

3 ゆで上がったパスタ、バター、パスタのゆで汁30ccを加え、全体をよく絡ませたら完成。器に盛り、お好みでごまと海苔を散らす。

YouTubeはこちら

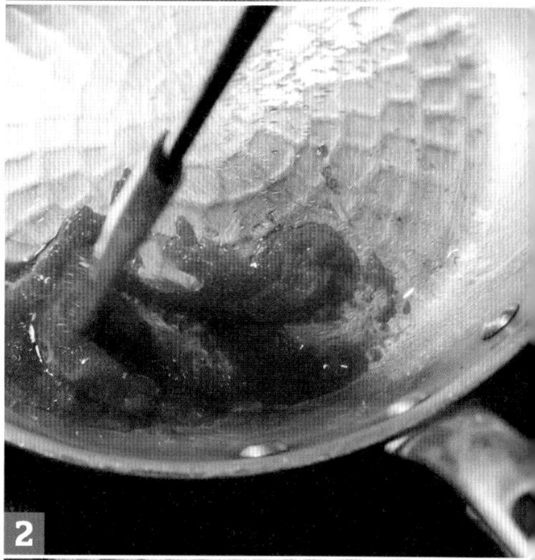

ここが Logic 2
ゆで汁で乳化させる

MEMO

白だしとバターが香る簡単パスタ。食感をプラスするのに、軽くゆでたイカやアサリのむき身を加えてもおいしいです。白だしを昆布茶にしたり、オリーブオイルをごま油に代えれば、また違った味わいが楽しめます。できたて熱々を食べたほうがおいしい料理ですので、食事の直前にパスタをゆで、ゆでている間にソースを用意しましょう。たらこソースがバラけやすいので、シリコンベラがあると便利です。

簡単なのにドヤれる!

若鶏ときのこの濃厚クリームパスタ

男女問わず人気があるクリーム系のパスタは
パスタとソースの調和がカギを握っている!

大西ロジック

Logic 1 パスタのゆで方を極める

パスタをゆでるお湯は、1.4%の塩分濃度にしてパスタに味と食感をつける目的もあります。塩は、想像しているよりも多いと感じると思いますが、必ず分量通りにはかりましょう。パスタ料理の肝はここにあります。

Logic 2 鶏肉に火を通しすぎない

チキンソテーと同じ要領で、鶏肉のまわりに香ばしく焼き目をつけます。熱伝導率のいい鉄のフライパンがおすすめです。鶏肉はしっかり火を通しすぎると、パサパサしたかたい食感になってしまうので注意しましょう。

Logic 3 ナツメグがあればプロの味に

クリームパスタには、ナツメグが必須! 肉料理に使うイメージがありますが、クリームとの相性がとてもいいのです。香りが強いので多すぎると台なしですが、入っていることを主張するくらいには入れてみてください。

Logic 4 パスタにソースを吸わせるのがコツ

クリームパスタは、少しだけパスタにソースを吸わせてあげると、味に一体感が生まれます。スープパスタのように“つゆだく”だと味が絡まらず、食べにくくなってしまうので、ソースの量は加減しましょう。

材料（1人分）

- パスタ…100g
- 鶏もも肉…80g
- 玉ねぎ…中1/8個（25g）
- しめじ…1/4パック
- えのきだけ…1/4袋
- 舞茸…1/2パック
- にんにく…5g
- 牛乳…60cc
- 生クリーム…60cc
- ナツメグ…少々
- 塩…適量
- こしょう…少々
- オリーブオイル…20cc

- パセリ…適宜
- グラナ・パダーノ（粉チーズ）…適宜
- パプリカパウダー…適宜
- ブラックペッパー…適宜

つくり方

STEP 1 鶏肉を焼く

1 鶏肉はひと口大に切る。塩適量（パスタをゆでる湯量の1.4%）を入れた湯でパスタをゆで始める。

2 鉄のフライパンにオリーブオイルを熱し、鶏肉の皮目を下にして入れ、軽く焼き目がつくまで焼く。

STEP 2 野菜ときのこを炒める

3 玉ねぎは薄切りに、にんにくはみじん切りにする。きのこ類はほぐす。

4 2のフライパンに玉ねぎを加え、しんなりするまで炒める。さらににんにくを加え、香りが立つまで炒める。

5 きのこ類も加え、しんなりするまで炒める。

STEP 3 ソースをつくる

6 牛乳と生クリームを加え、塩少々、こしょうで味を調える。さらにナツメグを振って風味をつける。

STEP 4 パスタを絡める

7 ゆで上がったパスタとパスタのゆで汁50ccを加え、パスタにソースを吸わせたら完成。器に盛り、お好みでみじん切りにしたパセリ、グラナ・パダーノ、パプリカパウダー、ブラックペッパーを振る。

YouTubeはこちら

MEMO

基本のクリームパスタがつくれると、具はいろいろと応用がききます。カキやウニのクリームパスタなども試してみてください。クリームの濃度については好みがあると思いますが、僕は牛乳と生クリームが半々の濃さがちょうどいいと思うのでそうしています。濃厚なのが好きな人は生クリームだけでもかまいません。パプリカパウダーやパセリはなくてもよいのですが、見栄えがするのでおすすめです！

2

4

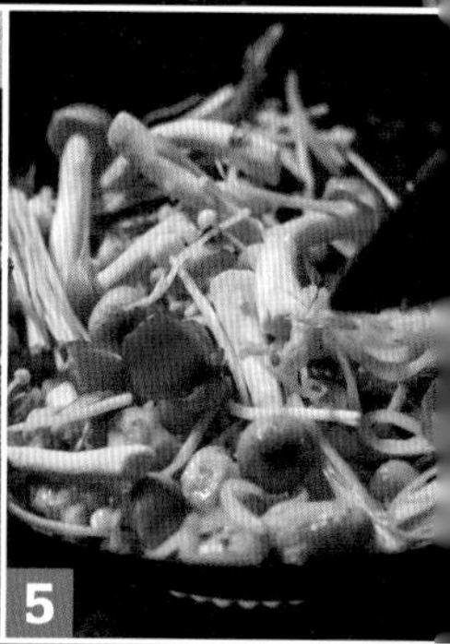
5

6

7

伝統から一歩進んだ

カルボナーラの黄金ルール

ベーコンのスモーキーさを活かしながら、
なめらかでクリーミーな
カルボナーラをつくる極意をお伝えします。

大西ロジック

Logic 1

粉チーズは種類を選ぶ

粉チーズは、パルミジャーノ・レッジャーノかグラナ・パダーノ（少しさっぱり味）がおすすめ。よくあるスーパーで手に入る粉チーズは、ここではNG。味に明らかな差が出ます。

Logic 2

生クリームを使うとクリーミーに

牛乳と生クリームを入れたレシピです。「本場のカルボナーラは生クリームを使わない」という話がありますが、生クリームが入っていると、食事中に冷めてもクリーミーさが保たれます。

Logic 3

卵を入れたソースは常温のフライパンでつくる

卵は70℃以上で固まり始めるので、フライパンの温度管理は重要。ベーコンを焼いた後につくるソースは、必ずフライパンを冷ますか、別のフライパンを使ってください。これで炒り卵のように固まってしまう失敗が防げます。

Logic 4

卵液は温める程度でストップ

パスタをソースに絡めたら、卵液を70℃に温めていくイメージで。ちょっと卵が固まり始めたら、余熱で火が通るので固まり切らないタイミングで盛りつけます。

材料（1人分）

パスタ…100g
ベーコン…30g
全卵…1個
卵黄…2個
牛乳…15cc
生クリーム…15cc
グラナ・パダーノ（粉チーズ）…20g
塩…適量
（パスタをゆでる湯量の1.4%）
オリーブオイル…20cc

パセリ…適宜
グラナ・パダーノ（粉チーズ）…適宜
ブラックペッパー…適宜

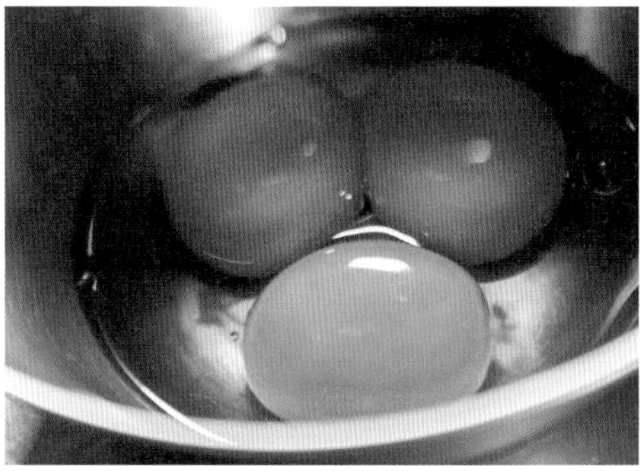

つくり方

STEP 1 ソースの材料を混ぜる

1 ボウルに全卵（１個）、卵黄（2個）、牛乳、生クリーム（各15cc）、グラナ・パダーノ（20g）を入れ、チーズがやや溶けるまで混ぜる。シリコンベラを使い、あまり泡立てすぎないようにする。

STEP 2 ベーコンを焼く

2 フライパンにオリーブオイル（20cc）を中火で熱し、細切りにしたベーコン（30g）を焼く。ベーコンに焼き目がついたらあげておく。

STEP 3 パスタにソースを絡める

3 塩（パスタをゆでる湯量の１.４%）を入れた湯でパスタ（100g）をゆでる。

4 常温のフライパンにゆで上がったパスタ、ゆで汁 40 cc、１のソースを入れて火にかけ、卵が固まりすぎないように常にかき混ぜる。

5 ソースにとろみがついてきたら、素早く器に盛りつける。予熱でもソースが固まっていくため、ゆるいくらいで盛りつけ始めることが大事。仕上げにベーコンをのせ、お好みでみじん切りにしたパセリ、グラナ・パダーノ、たっぷりのブラックペッパーを振る。

YouTubeは
こちら

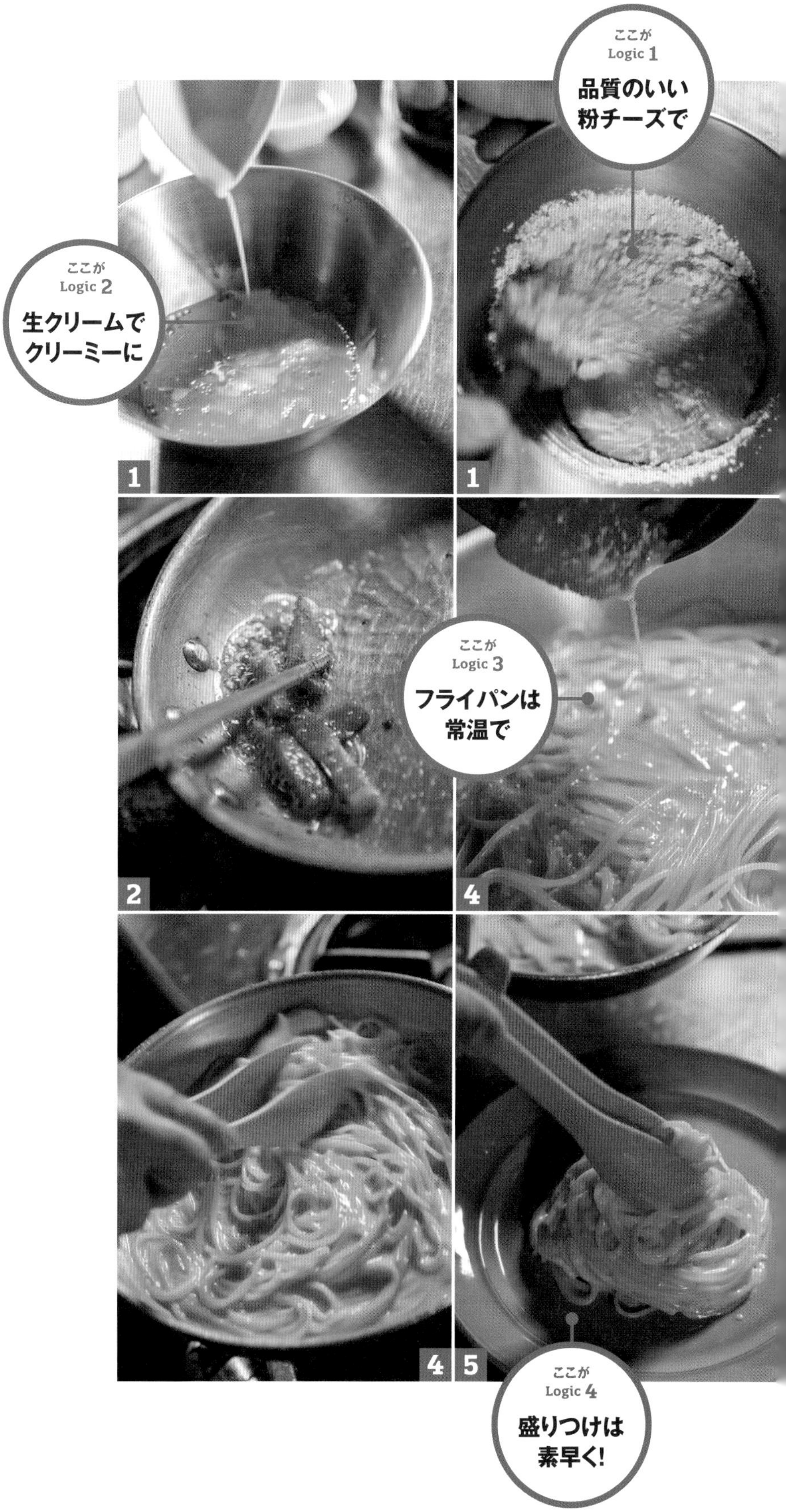

MEMO

卵とチーズだけでつくるカルボナーラの伝統レシピだと、ちょっと冷めたらコテコテに固まってしまうのが気になって、生クリームを使うレシピでアレンジしました。グラナ・パダーノはケチらずドバッと入れてください。カルボナーラというと太麺のイメージがあるかもしれませんが、僕は細麺（1.4 mm）を使っています。太麺もいいのですが、粘度のあるソースにしっかり絡んで、これはこれでおいしいのです。

COLUMN

〈5〉

あめ色玉ねぎのつくり方
ー甘味を十分に引き出すテクニックー

カレーやトマトソースに大活躍のあめ色玉ねぎ。ズバリ! 10分でつくります。
強火で炒め、玉ねぎの辛味成分である硫化アリルをうま味と甘味に変性させ、香ばしく仕上げます。
「あめ色」はきつね色(黄~薄茶色)、たぬき色(こげ茶色)とわかりやすく表現してみました。

1

3

4

5

5

大西ロジック

Logic

加熱時は焦がさないことを意識

ひとつまみの塩が、浸透圧で脱水を早めてくれます。焦げる手前で水を入れ、温度を分散させると強火のまま加熱できます。常に混ぜていると温度が下がるので非効率。

材料

玉ねぎ…2個
塩…少々
サラダ油…少々
水…適量

つくり方

1 フライパンにサラダ油を強火で熱し、みじん切りにした玉ねぎを炒め、塩を加えて混ぜる。

2 フライパンいっぱいに玉ねぎを広げて強火のまま焼く。なるべく動かしたり混ぜたりしない。

3 底面の玉ねぎの色が変わってきたら軽く混ぜ、また広げて動かさないように焼く。プチプチとした音がし始めたら、焦げる前に軽く混ぜる。

4 広げる→混ぜるを何回か繰り返し、焦げそうになったら水30~50ccを加える。

5 4を繰り返し、量が1/2~1/3くらい、色がきつね~たぬき色に近くなったら完成。

YouTubeはこちら

CHAPTER 6

何回もおかわりしたくなる! すごウマ飯

日本人には米が欠かせない!
カレーライスにオムライス、チャーハンに丼物、
お米のウマさを極限まで引き出す絶品レシピ。
ロジカルに計算し尽くした、おかわり必至の大反響メニュー!

お米の選び方

**お米にはそれぞれ味と食感に特徴があるので、
料理によって品種や炊き方を使い分けてみてください。
お店でも使っていて、
ぜひおすすめしたい４銘柄を紹介します。**

YouTubeは
こちら

お米は銘柄が非常に多く、何を選んだらいいのか迷いがちです。「実家で使っていた米」をそのまま使っていたり、名前の響きをよく聞くコシヒカリを選んでいたりしていませんか？ 日本ではこれまで、コシヒカリのような「低アミロース米」といわれる粘りや甘味が強い品種が好まれていたのですが、最近はしっかりした食感の米も人気があります。特にこの本で紹介している米料理のチャーハンやカレーの他、パエリアやリゾットなどは、少ししっかりした食感の米を使ったほうがおいしく仕上がります。下記の銘柄を、ぜひ試してみてください。

⇒大西おすすめの4つの米

ななつぼし

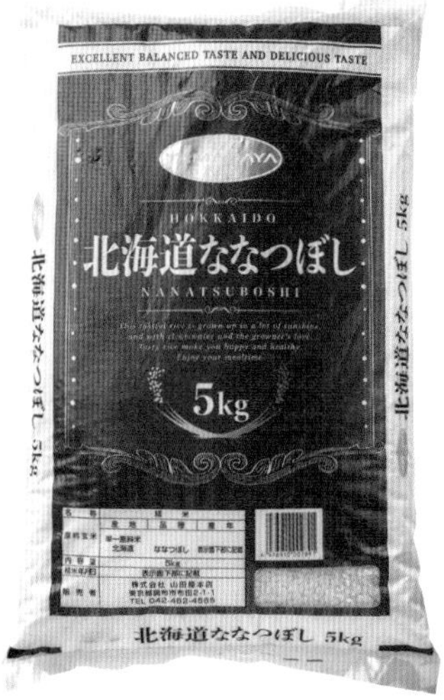

僕の地元、北海道でつくられているお米です。日本穀物検定協会によるお米の食味ランキングでは、最高位の特Aランクの評価を９年連続で獲得しており、北海道米の中でも人気No.１です！ チャーハンやチキンライスなど、米自体に味をつけていくような料理でもクセがなくて扱いやすく、さっぱりとした味わい。しっかりした食感が特徴で、冷めてもおいしく、お弁当にもおすすめです。そして、なんといっても値段が安い！ COCOCOROの店舗でも、一番よく使っているお米です。全国のスーパーやお米屋さんにも多く並ぶようになってきましたので、探してみてください。

てんたかく

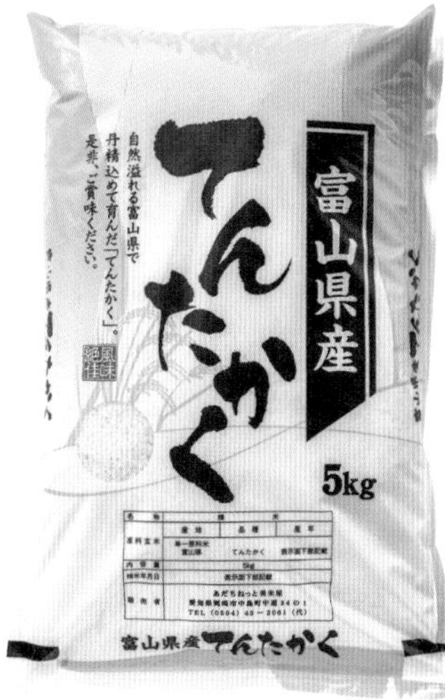

知る人ぞ知る、ほぼ富山県内のみで流通しているお米です。富山出身の常連さんからすすめられたのがきっかけで出合い、食べてみて「おおっ！」と感動しました。コシヒカリの系統ですが、コシヒカリよりも粘りが少なく、やさしい甘味のある味わい。地元でも通好みと評判が高いようです。粒が大きくしっかりしているため、見た目も美しいです。個人的にはチャーハンに一番向いているお米だと思います。富山以外の店頭ではなかなか見かけないかもしれませんが、インターネットで販売しているお店もありますので、ぜひ一度取り寄せて食べてみてほしいお米です！

富富富

米どころの富山県が生み出した渾身の逸品。2019年にデビューした新しいお米です。うま味、甘味、香りがどれも豊富で、おかずなしで食べても抜群においしいです。粘りはそれほど強くないので、寿司、カレー、炊き込みごはんなどの調理にも向いています。価格が少し高めなので、よりおいしい白飯を食べたいという「ここぞ」というときに、ぜひ試してほしいお米です。白いごはんにお塩をパラッと振ってもおいしい。銘柄名は、富山の「富」と、食べた人に「ふふふ」と微笑んで幸せな気持ちになってもらいたいという思いをかけているそう。特設ホームページがあるので、販売店を調べてみてください。

長粒種

「バスマティライス」などのインドのお米や、「ジャスミンライス（タイ香り米）」などのタイ米は、粒が細長い長粒種。日本のお米と違って非常にパラパラしており、さっぱりとした味わいで、米自体に独特の香りがあります。このお米をカレーやガパオライスなど本場の料理に合わせると、より本格的な味に近づけることができます。飲食店でも、日本のお米とブレンドして、理想の食べ心地に近づけているお店もあるようです。本書では紹介していませんが、もしお米があまったら、インド料理の「ビリヤニ」やタイ料理の「カオマンガイ」などにも、利用してみてください。

日本×インド! ええとこ取りの

新時代のカレーライス

日本人向けのルーカレーもここまで変わる!
野菜のだしでカレーが格段にレベルアップ↑↑

大西ロジック

Logic 1

スパイスの活かし方を知る

油にスパイスの香りを移したいので、常温のフライパンで、低温からゆっくりテンパリングします。お好みでクローブ、シナモン、フェンネル、マスタードシードなどの定番スパイスを入れてもおいしいです。

Logic 2

野菜だし「ベジブロス」がコクをつくり出す

普段捨てている野菜くずも、煮出してベジブロスにすれば、いいだしになります。にんじんや玉ねぎ、セロリの皮や葉などを、カレーを煮込む鍋とは別の鍋でコトコト。野菜くずをたっぷり入れ、沸騰してから弱火で30分ほど煮れば十分。

Logic 3

鶏肉は切らずに丸ごと煮込む

鶏肉は丸ごと煮込んだほうが火の入りがゆるやかになり、うま味もしっかりと残ってジューシーでおいしくなります。香ばしさが欲しい人は、少し皮面を焼いてから入れてもOK。

Logic 4

ルーは火を止めてから入れる

市販のルーは、火を止めてから入れないと、溶けずにダマになってしまいます。大方溶かしてから、火にかけてください。実はパッケージの裏に必ず書いてある超重要事項です!

材料(5人分)

鶏もも肉…1枚(300g)
玉ねぎ…中2個(400g)
にんじん…中1/2本(100g)
セロリ…50g
にんにく…20g
しょうが…20g
トマト缶(カット)…200g
カレールー…5皿分
(ジャワカレー辛口がおすすめ)
バター…12g
赤ワイン…100cc
ローリエ…3枚
クミン…小さじ1強
カルダモン…小さじ1強
コリアンダー(パウダー)…小さじ1
バジル(ドライ)…小さじ1
ガラムマサラ…小さじ1強
オイスターソース…5g
鶏ガラスープの素…小さじ1
三温糖…大さじ1
サラダ油…30cc

【ベジブロス】
野菜の皮、茎、根…適量
水…1ℓ

つくり方

STEP 1 ベジブロスをつくる

1 鍋に野菜の皮（にんじんや玉ねぎの比較的白い部分）、茎や根（セロリなど）、水（1ℓ）を入れて中火にかける。沸騰したら弱火にし、30分煮込んでざるで漉す。

STEP 2 野菜とスパイスを炒める

2 玉ねぎ（中2個）、にんじん（中1/2本）、セロリ（50g）、にんにく、しょうが（各20g）はそれぞれみじん切りにする。

3 深めの鍋にクミン、カルダモン（各小さじ1強）、サラダ油（30cc）を入れて中火にかける。スパイスの香りが立ち、カルダモンが膨らんできたら、玉ねぎを加える。

4 全体が薄いこげ茶色（きつね色とたぬき色の中間くらいの色）になるまで炒める。

5 にんじん、セロリ、にんにく、しょうが、コリアンダー（小さじ1）を加え、全体がしんなりするまで炒める。

STEP 3 ベジブロスを加えて煮込む

6 5に1のベジブロス500cc、トマト缶（200g）、赤ワイン（100cc）、鶏ガラスープの素（小さじ1）を加えて煮込む。

STEP 4 鶏肉を丸ごと煮込む

7 ローリエ（3枚）と鶏肉（1枚）を切らずにそのまま加え、強火にかける。沸騰したら弱火にし、20分煮る。煮込んだら、ローリエと鶏肉を取り出す。

STEP 5 ルーを加えてさらに煮込む

8 火を止めてカレールー（5皿分）を加え、よく溶かす。

9 鶏肉をひと口大に切って鍋に戻し、弱火で20分煮込む。

10 バター（12g）、バジル（小さじ1）、ガラムマサラ（小さじ1強）、オイスターソース（5g）、三温糖（大さじ1）を加え、ひと煮立ちさせたら完成。

YouTubeはこちら　前編

YouTubeはこちら　後編

MEMO

僕もこの道20年、カレーづくりの研究から料理好きに。スパイスからつくる時期も経て、「市販のルーは、日本人の探究心と科学技術の粋を集めてつくられた芸術品」と感じるようになり、ルーを最大限に活かした究極カレーを考案。じゃがいもはとろみが出るので入れないのですが、お好みでオーブンで焼いたじゃがいもを添えてもGOOD！

すぐおいしい、すごくおいしい

感動の親子丼

卵1個で親子丼を仕上げようなんて無謀。
絶妙な卵の火入れの技が、親子丼を制す。

大西ロジック

Logic 1

全卵と卵白、卵黄に分けて火入れ率を変える

卵の食感を3段階に分けてつくります。全卵の半量を軽く煮立たせ、残り半量を後で入れ、しっかり加熱した部分と半熟の部分をつくります。さらに最後に生の卵黄を落とし、卵の全食感を一度に味わいましょう。

Logic 2

鶏肉の皮はパリッとさせる

煮ると、どうしても鶏肉の皮がグニグニッとした食感になりがち。皮はあらかじめ取って細かく刻んでおき、最初にカリッと焼くこと。焼き目がついていたほうが、味も風味も食感もよくなります。

Logic 3

鶏肉にはゆっくり火を通す

弱〜中火でゆっくり火にかけることで、鶏肉に火が入りすぎず、ジューシーな仕上がりに。やわらかくてうま味の強いもも肉を使うのがおすすめ。火の通り方を均一化するため、同じ大きさ、厚さに切ることも大事。

Logic 4

火力の強弱で細かく温度を調節する

全卵の火入れは、火をつけたり止めたりすることが重要です。卵は一度火を止めてから、「の」の字を書くように流し入れ、あまり動かさないようにして火にかけます。卵の固まっていく状態を火入れで調節するのです。

材料（1人分）

ごはん…茶碗1杯分
鶏もも肉…80～120g
玉ねぎ…中1/4個（50g）
三つ葉…適量
卵…2個
だし…50cc（P.24参照）
しょうゆ…20cc
みりん…35cc
砂糖…小さじ1

山椒…適宜

YouTubeはこちら

MEMO

卵のコントラストがたまらない、これは間違いなく専門店の味！　甘さは砂糖で調節できます。そして薬味はぜひ入れてほしい。三つ葉が入っていない親子丼は、大根おろしのないサンマぐらい寂しいものです。山椒もぜひ欲しいところ。七味唐辛子を振っても美味。

つくり方

STEP 1 調味液、卵液を準備する

1 ボウルにだし、しょうゆ、みりん、砂糖を入れて混ぜ合わせる。

2 卵1個は卵白と卵黄に分ける。別のボウルに卵白ともう1個の卵（全卵）を入れ、切りすぎない程度に混ぜる。

STEP 2 鶏皮に焼き色をつける

3 鶏肉の身から皮をはがし、短冊状に切る。身は同じ厚みになるよう開いてから、ひと口大に切る。

4 フライパンにサラダ油大さじ1（分量外）を熱し、皮を軽く焼き色がつくまで焼く。

STEP 3 玉ねぎと鶏肉を煮る

5 くし形切りにした玉ねぎを加え、しんなりするまで炒める。1の調味液と3の鶏肉の身を加え、軽く煮立たせる。鶏肉を裏返して全体に火を通す。

STEP 4 卵液を加える

6 鶏肉の感触がグニッからプリッとなったら火を止め、2の卵液を半分、「の」の字を書くように流し入れる。

7 再び火にかけ、沸騰したら火を止め、残りの卵液を「の」の字を書くように流し入れる。火にかけ、沸騰したら火を止める。

STEP 5 ごはんにのせる

8 丼にごはんを盛り、7をフライパンからスライドさせるようにゆっくりのせる。中央にくぼみをつくって卵黄をのせ、食べやすい長さに切った三つ葉を飾る。お好みで山椒を振ったら完成。

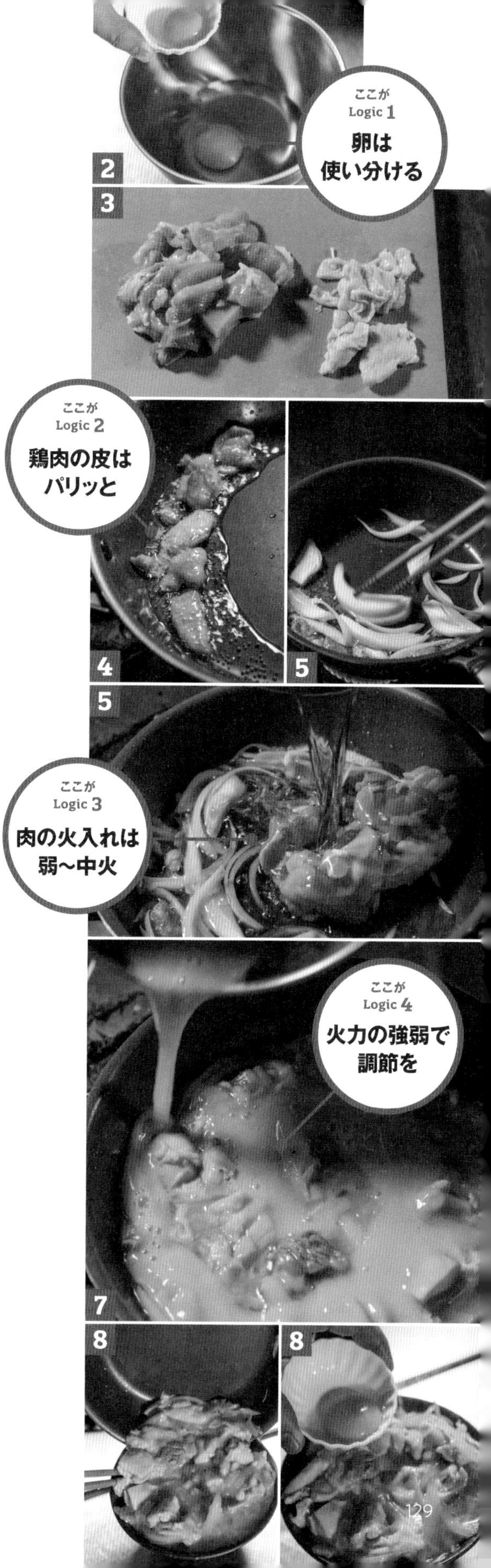

優雅な見た目にインスタ映え間違いなし

うっとり ドレス・ド・オムライス

ちょっとしたコツをつかめば、つくり方は難しくありません。
みんなに驚かれる、ドヤれる華やかな卵料理です。

大西ロジック

Logic 1 チキンライスがオムライスの命

何が大事って、チキンライスの味。そこがすべてなので、適当につくっちゃダメです！ できれば熱々のごはんを用意して調理中の温度を下げないように。みりんを加えることで甘味とうま味が加わった、深みのある味に。

Logic 2 ケチャップはしっかり炒める

しっかりケチャップを炒めて、汁気を飛ばしてからごはんを入れてください。「チキンライスベチャベチャ事件」の一番の要因は、これです。ケチャップをしっかり炒めると、とがった酸味が飛んで、うま味が凝縮されます。

Logic 3 フッ素樹脂加工のくっつかないフライパンを使う

卵の調理は、なんといってもフッ素樹脂加工のくっつかないフライパンを使うこと。卵が破れてしまうと、このオムライスのよさが台なしです！ フライパンは縁が斜めになっていて、卵がスライドさせやすいものが理想。

Logic 4 失敗してもめげずに練習

ぶっちゃけたことを言ってしまえば、卵のドレス部分はきれいにできなくても、味には影響しません。練習は絶対に必要なので、失敗しても繰り返し挑戦してみてください。大丈夫、僕もあんまり上手じゃないですから！

材料（1人分）

ごはん…茶碗1杯分	バター…10～15g
鶏もも肉…50g	ケチャップ…50g
玉ねぎ…中1/4個（50g）	みりん…15cc
ピーマン…1個	塩…適量
卵…3個	こしょう…少々

YouTubeはこちら

つくり方

STEP 1 鶏肉と野菜を炒める

1 フライパンにサラダ油少々（分量外）を熱し、細かく切った鶏肉を炒める。全体が白っぽくなったら、みじん切りにした玉ねぎを加えてしんなりするまで炒める。

2 ケチャップとみりんを加え、色が濃くなるまでしっかりと汁気を飛ばしたら、細切りにしたピーマンを加えて軽く炒める。

STEP 2 チキンライスをつくる

3 ごはんを加えて塩少々、こしょうを振り、全体をなじませながら炒める。これでチキンライスの完成。器に小高く盛りつける。

STEP 3 卵を焼く

4 ボウルに卵と塩小さじ1/2を入れ、しっかりと白身を切るように混ぜる。

5 フッ素樹脂加工のフライパンにバターを入れて中火にかけ、130℃になるまで熱する。バターがチリチリと泡立ってきたら、4を一気に流し入れる。

6 10秒待ち、卵の底面が少し固まるのを待つ。

7 菜箸を両手に1本ずつ持ち、箸先を卵の両端につけ、5cm間隔まで中央に寄せていく。箸先を動かさないようにし、菜箸2本を片手で持つ。

8 反対の手でフライパンを持つ。菜箸は動かさず、フライパンを揺らしながら90度回し、卵焼きにひだをつくる。

9 フライパンを元の位置に戻し、工程8を3～4回繰り返し、卵焼きにひだをつくっていく。

STEP 4 チキンライスに卵をのせる

10 3のチキンライスに、9の卵焼きをすべらせるようにのせる。ケチャップ適量（分量外）をかけたら完成。

MEMO

ドレス・ド・オムライスは、お姫様ドレスのドレープを描いたような美しいスタイル。卵焼きのコツがつかみにくいときはYouTubeを参照してみてください。トマトソースやビーフシチュー、クリームシチューなどをかけると、より豪華に！

口当たりはパラパラ&中はしっとり

至高のチャーハン

準備と手際のよさが勝敗を分ける、中華の鉄板。
いかに高温を維持するかで、おいしさが決まります!

大西ロジック

Logic
〈 1 〉

ごはんの品種と炊き方から チャーハンづくりは 始まっている!

粘りの強い品種(コシヒカリなど)だと、パラパラのチャーハンに仕上げるのは非常に難しいです。粘り気の少ない品種を選び、ごはんを炊くときは水量を正確に。酒、塩、油を入れて炊くこと!(P.20参照)

Logic
〈 2 〉

熱々のごはんを用意する

用意するごはんは、炊飯器の保温状態でもまだぬるい! 電子レンジでさらに熱々に。「卵を先に混ぜる」「ごはんを水で洗う」というレシピもありますが、温度を下げてしまい水分量も多くなるのでおすすめしません。

Logic
〈 3 〉

油はラードじゃなくていい!

定番のラードを入れると風味はつくのですが、焦げて雑味も出やすいのが難点。サラダ油のほうが安定して仕上がります。

Logic
〈 4 〉

パラパラとパサパサを 勘違いするべからず!

パラッとしながらも、米の内部には適度な水分が残っている状態が、チャーハンの理想です。感覚的には「サックリ」とスプーンが入る状態。できる限り高温かつ短時間で仕上げるのが理想です。

材料(1人分)

ごはん…200g
チャーシュー…お好みで
長ねぎ…3cm
卵…1個
しょうゆ…小さじ1
うま味調味料…0.7g
塩…0.9g
こしょう…0.4g
ねぎ油…大さじ1(P.52参照)
サラダ油…大さじ2

つくり方

STEP 1 具材とごはんを準備する

1 チャーシュー（適量）は細かく刻み、長ねぎ（3 cm）はみじん切りにする。ごはん（200 g）は電子レンジで熱々に加熱する。

STEP 2 卵とごはんを炒める

2 中華鍋を強火にかけ、軽く煙が出るくらいまで熱する。サラダ油（大さじ 2）を入れてなじませ、溶いた卵（1 個）を流し入れる。

3 すぐに熱々のごはんを加え、軽くほぐす。上下を裏返し、卵を上にのせた状態で全体をほぐす。お玉の横や裏を使うとほぐしやすい。

STEP 3 具材を加えて調味する

4 ごはんがある程度ほぐれたら、チャーシューと長ねぎを加え、全体を混ぜ合わせる。

5 うま味調味料(0.7g)、塩(0.9g)、こしょう(0.4g)を振り、全体を混ぜ合わせる。鍋肌からしょうゆ(小さじ1)を回し入れ、さらに全体を混ぜ合わせる。

6 ねぎ油(大さじ1)を回し入れ、全体を混ぜ合わせる。ごはんに少しずつ空気を含ませるようにお玉ですくい、そのまま器に盛る。

YouTubeはこちら

1

2

2

3

4

6

MEMO

チャーハンは、高温&スピード勝負。材料を全部切って、はかって、手元においてから始めます。手順は、無意識でつくれるくらい体に覚えさせて。蓄熱性&熱伝導のよい鉄の鍋を使って、温度はできる限り落とさない、これが鉄則です。うま味調味料は必須で、研究の結果「ハイミー」が最強ですが、ウェイパァー、オイスターソース、鰹だし、昆布茶などで代用してもOK。仕上げに少しの水分(このレシピではしょうゆ)を入れて「蒸す」ことによって、ふっくらと仕上がります。

食べて驚愕! ぜいたくな大人の味わい

食べ終わりたくない 黒チャーハン

普通のチャーハンでは物足りないあなたに、
濃厚で香り高い至高の中華料理を。

大西ロジック

Logic 1
卵黄のみを使って濃厚に

卵の卵黄のみをダブルで使うぜいたくな味わい。ハンパないコクが生まれます。また、炒めるときに、卵黄だけのほうがほぐれやすいという利点も。チャーハンに目玉焼きをのせてがっついてもウマい!

Logic 2
紹興酒ではなくブランデーで芳醇な香りを

紹興酒での風味づけは面白みがないと思っていたところ、昔読んだマンガに、すき焼きの割り下をブランデーでつくるシーンがあったことを思い出しました。しょうゆとブランデーの相性は◎。大人の味わいが楽しめる逸品に。

Logic 3
松の実で風味と食感をプラス

中華でよく使われる松の実は、香りがよく、栄養価も高い食材です。チャーハンに入れることで、面白い食感が加わります。最初に乾炒りしてから使えば香ばしさもアップ。カシューナッツやピーナッツでもおいしいです。

Logic 4
パラパラ食感は高温&スピードが勝負

普通のチャーハン同様、パラッとしながらも、米の内部には適度な水分が残っている状態に仕上げるには、できる限り高温、短時間で仕上げること。具材は切って、はかって、入れるだけの状態でスタンバイ!

材料（1人分）

ごはん…200g
チャーシュー…お好みで
玉ねぎ…中1/8個（25g）
卵黄…2個分
松の実…大さじ1

A
- ブランデー…5cc
- しょうゆ…5cc
- 中国たまりしょうゆ…15cc
- 砂糖…3g

うま味調味料…0.4g
塩…0.9g
こしょう…0.2g
ごま油…少々

MEMO

ただものではない真っ黒なチャーハンの最高傑作！　中国たまりしょうゆの色が出て味が濃く見えるのですが、見た目ほどしょっぱくありません。砂糖がほんのり甘味を感じさせ、ブランデーが香る大人の味わい。主食としてはもちろん、酒のつまみとしても最高で、お店でも中毒者続出の大人気メニューです。「食べ終わりたくない…」と、大事に大事に食べる人がとても多いです（笑）。

つくり方

STEP 1 具材とごはんを準備する

1 チャーシューは細かく刻み、玉ねぎはみじん切りにする。ごはんは電子レンジで熱々に加熱する。

STEP 2 卵黄とごはんを炒める

2 中華鍋を強火にかけ、軽く煙が出るくらいまで熱する。サラダ油少々（分量外）を入れてなじませ、玉ねぎと卵黄を軽く炒める。

3 すぐに熱々のごはんを加え、軽くほぐす。上下を裏返し、卵黄を上にのせた状態で全体をほぐす。お玉の横や裏を使うとほぐしやすい。

STEP 3 具材を加えて調味する

4 ごはんがある程度ほぐれたら、チャーシューと松の実を加え、全体を混ぜ合わせる。

5 うま味調味料、塩、こしょうを振り、全体を混ぜ合わせる。合わせたAを加え、さらに混ぜ合わせる。

6 ごま油を回し入れ、全体を混ぜ合わせる。ごはんに少しずつ空気を含ませるようにお玉ですくい、そのまま器に盛る。

YouTubeはこちら

COLUMN 〈 6 〉

合わせるだけの絶品だれ
ー刺身と焼肉をお店の味に！ー

世の中に存在するほとんどのたれは、自分で調合できます。簡単で、味も量も自分好みに。
これで、冷蔵庫の中で中途半端に残った悲しいたれたちとは、サヨナラしましょう。
今回は家にあるものでつくれて、食卓を激変させることができる2種を紹介します。

刺身じょうゆ

材料

しょうゆ…30cc
酒…10cc
みりん…10cc
白だし…5cc
水…10cc
を混ぜるだけ！

YouTubeはこちら

刺身だけではなく、煮物や冷奴などにも活躍します。しょうゆだけより風味があり、5～8倍に薄めるとおいしいめんつゆに。みりんと酒のアルコールが気になる場合は、煮切ってから使ってください。

焼肉のたれ

材料

おろし玉ねぎ…5g
おろしにんにく…5g
おろししょうが…5g
白炒りごま…小さじ2
しょうゆ…50cc
みりん…20cc
はちみつ…20g
ごま油…小さじ2
を混ぜるだけ！

YouTubeはこちら

つくりたてはフレッシュな風味で、ひと晩寝かせると濃厚でまろやかな味になります。辛いのが好きなら豆板醤を少量入れて。禁断の味、焼肉のたれごはん＋マヨネーズのせにするとたまりません！

CHAPTER 7

お酒がついつい進んじゃう!優秀おつまみ

急な来客時、パパッと洒落た酒のつまみが出せたら
超絶にかっこいいし、リスペクトされる存在になれる!
ビールはもちろん、ワイン、日本酒、焼酎…、
どんな酒にも間違いなく合う、ドヤれるつまみ集結!

アレンジで変幻自在!

絶賛される ポテトサラダ

お店で注文が多いメニューのひとつ。
ベースさえつくれば、
後は合わせる具材次第で無限の可能性が!

大西ロジック

Logic 1

じゃがいもは品種で口当たりが変わる

粉質系の男爵いもやキタアカリはホクホクに、粘質系のメークインやインカのめざめなどはしっとりした食感になります。どちらにもそれぞれのおいしさがあります。お好みで選んでみてください。

Logic 2

じゃがいもの皮をむくかは品種によって異なる

選んだじゃがいもの品種によって、調理方法が変わります。粉質系は、食感と味のアクセントになるので、皮はむかずに調理します。粘質系は、芽や皮にソラニンという有害物質が多いので、取って調理します。

Logic 3

粘質系は混ぜすぎると粘りが出るので注意

粘質系のじゃがいもを選んだ場合、こねていると餅のように粘ってきます。ちょっとかたまりを残すぐらいがおいしいです。粉質系のじゃがいもはつぶしてもなめらかになります。じゃがいもの品種によって混ぜ方に注意してください。

Logic 4

具材選びはルールを守ればおいしくなる

ポテサラベースのマッシュポテトにプラスして、食感のいいもの＋肉や魚＋少量の油で構成するように具材を考えると、おいしくなります。

材料（4人分）

じゃがいも…中4～5個（500g）

A
- マヨネーズ…60g
- 酢…30cc
- はちみつ…10～30g（じゃがいもの甘さとお好みで調節）
- 塩…4g（じゃがいもの重量の0.8%）
- こしょう…適量

具材（ハムやきゅうりなど）…お好みで

MEMO

研究を重ねたうえで実感したのですが、ポテトサラダに「究極のレシピ」は存在しない！ バリエーションの多さが、ポテトサラダのよさであると言っても過言ではありません。本書では、マッシュのポテサラベースのつくり方をお伝えして、そこに具材をトッピングする楽しみを味わってもらおうと思いました。味のベースはマヨネーズと思われがちですが、基本は塩とこしょう。具材は、よく水気をきってから加えてください。

つくり方

STEP 1 じゃがいもをゆでる

1 じゃがいも(中4〜5個)を小さく切る(粉質系なら皮付きでOK)。鍋に入れ、じゃがいもがしっかりかぶるまで水(分量外)を入れたら火にかける。

2 沸騰後、じゃがいもに竹串がスッと刺さるくらいになるまで、10分ゆでる(ゆで時間は、じゃがいもの品種や時季によっても異なる)。

3 じゃがいもをざるにあげ、湯気が出なくなるまで水分を飛ばす。

STEP 2 ポテサラベースをつくる

4　ボウルに3を入れ、ポテトマッシャーでつぶす。合わせたA（マヨネーズ60g、酢30cc、はちみつ10～30g、塩4g、こしょう適量）を加え、さっくりと混ぜ合わせる。

STEP 3 具材を混ぜる

5　適当な大きさに切ったハム、輪切りにして塩揉みして水気をきったきゅうり（各適量）などの具材を加え、混ぜ合わせたら完成。

YouTubeはこちら　前編

YouTubeはこちら　後編

ここが Logic 3
粘質系は混ぜすぎない

ここが Logic 4
食感＋肉や魚を加えて

ポテサラアレンジ

ポテトサラダに、「正解」という完成形は存在しない!
漬物、缶詰、ハーブ、スパイスなど、いろいろな具材を混ぜて楽しんでください。

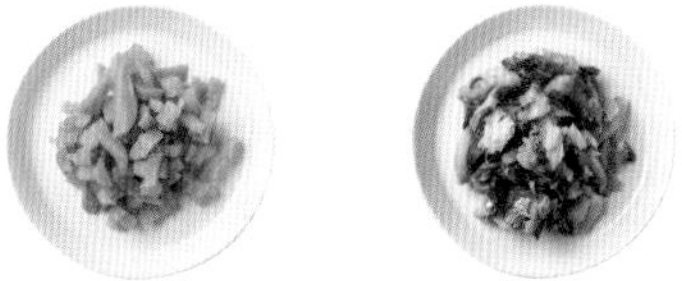

いぶりがっこ ＋ **サバ**

◎**つくり方**

ポテサラベースに刻んだいぶりがっこを混ぜ込み、サバの塩焼きをほぐして上にのせる。仕上げにごま油をたらす。

クリームチーズ ＋ **コンビーフ** ＋ **かいわれ大根**

◎**つくり方**

ポテサラベースにクリームチーズを練り込み、常温に戻したコンビーフをのせる。しょうゆをたらし、かいわれ大根を飾る。コンビーフとチーズの脂質があるので、仕上げの油は不要。

他にも…
◆クリームチーズ＋いぶりがっこ＋塩昆布＋大葉　◆食べるラー油＋花椒
◆アンチョビ＋オリーブ＋刻みらっきょう　◆シーチキン＋ゆかり　などなど無限のアレンジが可能です。

おやつにもおすすめ

自家製ローストのカシューナッツ

食べる直前に素焼きして、好みの味に仕上げたつまみおやつ。
このひと仕事で、テンションマックスの逸品に！

大西ロジック

Logic

塩は自分で精製する!

塩は自分で精製することで、粒子の細かい塩ができて、ナッツに絡みやすくなります。カシューナッツだけではなく、他のナッツ類でもOK。お好みの塩味に仕上げたり、フレーバーオイルやフレーバーソルトで、自由に味つけしてみてください。

材料

カシューナッツ（無塩）…80g
（他のナッツ類でも可）
塩…小さじ1/3
オリーブオイル…少々
水…大さじ1

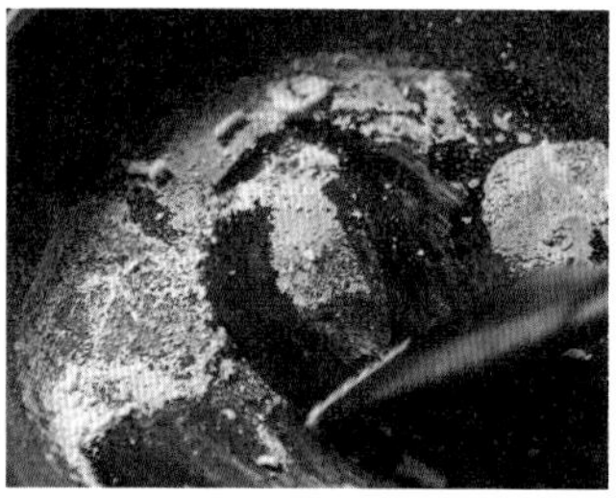

つくり方

STEP 1 ナッツを素焼きにする

1 160℃に予熱したオーブンでカシューナッツを10分素焼きする。

STEP 2 塩を精製する

2 フライパンに塩と水を入れて火にかける。塩を溶かし、さらに水分を飛ばしながら粒子の細かい塩を精製する。フライパンにこびりついた塩はヘラでこそげ落とす。

STEP 3 ナッツと塩を絡める

3 2のフライパンに1のカシューナッツを加え、塩を絡める。オリーブオイルを全体にまぶし、再び絡めたら完成。

大西ロジック

Logic

鰹節を入れる直前に火を止めて

今回使ったきのこはしめじとえのきだけですが、どんなきのこを使ってもおいしくつくれます。三大うま味成分のひとつ、グアニル酸が含まれるきのこに、鰹節のイノシン酸を加えることでおいしさが倍増。うま味とうま味の掛け算で箸が止まらなくなります。鰹節を入れる直前に必ず火を止めることで、香りとうま味がぐんとアップ。

材料

しめじ…1パック
えのきだけ…1/2袋
にんにく…1片
鰹節…ひとつかみ
赤唐辛子（輪切り）…小さじ1/2
しょうゆ…20cc
みりん…20cc
塩…ひとつまみ
ごま油…20cc

つくり方

STEP 1 にんにくを温める

1 フライパンにごま油、スライスしたにんにく、赤唐辛子を入れて中火にかける。

STEP 2 きのこ類を炒める

2 香りが立ってきたら、ほぐしたしめじとえのきだけ、塩を加え、しんなりするまで炒める。

3 しょうゆとみりんを加え、きのこ類がやわらかくクタッとなるまでさらに炒める。

STEP 3 鰹節で和える

4 火を止め、鰹節を加えて全体を混ぜ合わせたら完成。

ごはんにも合う!

無限にいけちゃう 和風きのこのマリネ

ピリリとした辛さとうま味が凝縮した絶品レシピ。
きのことごま油の香りが、食欲をそそります。

大西ロジック

Logic

中国のミックススパイスで香り高い一品に

心からおいしいと思えるザーサイになかなか出合えず自作しました。五香（ウーシャンフェン）粉は独特の香りと味が特徴で、適量を使えば手軽に本場感を出せます。ザーサイは丸のままのものを、スライスして好みの塩加減に塩抜きすると、びっくりするくらいおいしいですよ。

材料

ザーサイ…500g
五香粉…大さじ1
うま味調味料…大さじ1
ごま油…大さじ2

ラー油（またはねぎ油）…適宜

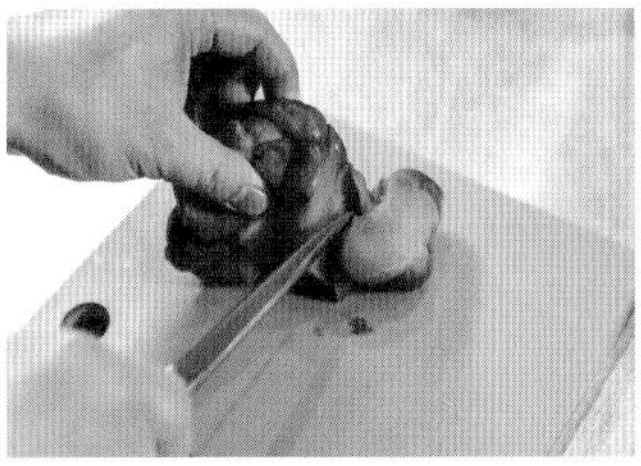

つくり方

STEP 1 ザーサイの塩抜きをする

1 塩漬けのザーサイのひげを取り、2～3mmにスライスする。サイズが不ぞろいにならないよう注意する。

2 ボウルに1を入れ、20～30分流水にさらす。味見をし、おいしいと感じる程度に塩味が残っていればOK。

STEP 2 ザーサイを炒める

3 中華鍋にごま油を強火で熱し、2を軽く炒める。

STEP 3 調味する

4 五香粉とうま味調味料を加え、ざっと混ぜたら完成。お好みでラー油を回しかけてもおいしい。

中国4000年の歴史を感じる

秘伝！簡単！五香ザーサイ炒め

塩抜きして自分好みの味つけにすると、すごくおいしい！　冷奴や冷やし中華、そうめんにのせてもイケます。

自家製本格ラー油で激ウマつまみに

無限ピリ辛メンマ

ほんのひと手間でこんなにおいしくなる名脇役。
インスタントラーメンにのせてもジャンクでウンマッ!

大西ロジック

Logic

メンマにうま味と辛味をプラスする!

市販のメンマはそのままでもやさしい庶民的おつまみなのですが、ちょっと手を加えると激ウマに。豆板醤、にんにく、しょうがでパンチをきかせて、さらに自家製本格ラー油(P.54参照)をかけることで「高級中華の前菜」に早変わり。馬子にも衣装です。

材料

- 味つけメンマ(市販)…100g
- にんにく…5g
- しょうが…5g
- 赤唐辛子(輪切り)…小さじ1/2
- うま味調味料…ひとつまみ
- 豆板醤…小さじ1/3
- 自家製本格ラー油…5cc
  (P.54参照)

つくり方

STEP 1 メンマを炒める

1 メンマは汁気をしっかりきる。にんにくとしょうがはみじん切りにする。

2 フライパンにサラダ油少々(分量外)を中火で熱し、にんにく、しょうが、赤唐辛子、豆板醤を炒める。香りが立ってきたら、メンマを加えて軽く炒める。

STEP 2 調味する

3 うま味調味料とラー油を加え、ざっと混ぜ合わせたら完成。

あまった刺身が“主人公”に

約束された勝利の「漬け」

これぞ漬けだれの黄金比!
これを食べるために、刺身を喜んであまらせたくなります。

大西ロジック

Logic

調味液の黄金比率を覚えておく

しょうゆ、酒、みりんを同じ分量だけ入れると、甘味も塩味もちょうどいい加減に。アルコールが気になる方は、煮切ってください。浸けた後の調味液で、卵かけごはんをつくるとさらにおいしい。

材料

あまった刺身…適量
しょうゆ・酒・みりん…1:1:1

つくり方

STEP 1 刺身を切る

1 あまった刺身を食べやすい大きさに切る。

STEP 2 刺身を浸ける

2 しょうゆ・酒・みりんを1:1:1の比率で混ぜた調味液に1を浸ける。30分浸けたらおいしく食べられる。

YouTubeはこちら

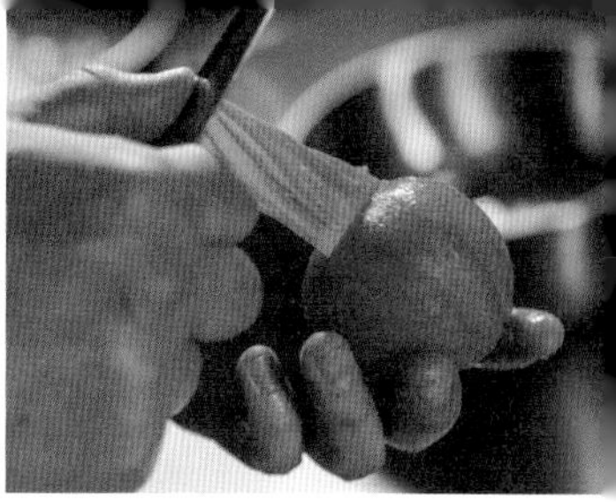

高級寿司屋のつまみで出てきた

和風だし香る トマトの甘酢漬け

トマトのさわやかな一品を。
砂糖と酢の甘酸っぱさがクセになります。

大西ロジック

Logic

難しいことは何もなし!

調味料を合わせて、トマトを入れるだけの簡単副菜。トマトは熱湯にくぐらせると、するっと皮がむけます。消毒したビンに入れておけば、2日ぐらい持ちます。

材料

トマト…中1個
しょうゆ…10cc
酢…100cc
白だし…20cc
砂糖…70g
塩…10g

つくり方

STEP 1 調味液をつくる

1 ボウルにしょうゆ、酢、白だし、砂糖、塩を入れて混ぜ合わせる。砂糖と塩が溶け、液が透明になるまで混ぜる。

STEP 2 トマトを湯むきする

2 トマトに十字の切り込みを入れ、ヘタを取って熱湯に10秒くぐらせたら、すぐに氷水にとって皮をむく。

3 2をひと口大(中サイズで8等分)に切る。

STEP 3 調味液にトマトを浸ける

4 1の調味液に3を浸ける。15分で完成だが、ひと晩浸けるとまろやかな味わいが楽しめる。

YouTubeはこちら

大西ロジック

Logic

オリーブの味を自分好みにプロデュース

オリーブの使い道って、よくわからないことも…。オリーブを入手したら、まず塩を抜いて、ちょっとだけ手間を加えてみてください。シンプルだけどこれだけで本格的な味に。あなたのお宅がスペインバルに変わります!

材料

オリーブ…200g
アンチョビ(ペースト)…15g
にんにく…10g
オリーブオイル…30cc

つくり方

STEP 1 オリーブの塩抜きをする

1 オリーブの味見をし、塩が強ければ、好みの塩味になるまで流水にさらし、塩抜きをする。

STEP 2 調味する

2 オリーブの水気をしっかりきり、アンチョビ、みじん切りにしたにんにく、オリーブオイルで和える。すぐ食べてもおいしいが、ひと晩おいてなじませると味に深みが増す。

ワイン好きにはたまらない

クセになるオリーブのアンチョビガーリック和え

急な来客時でもさっとつくれる簡単洋風おつまみ。
いろいろな種類のオリーブがあると楽しい!

日本酒も焼酎もじゃんじゃん“飲まさる”

辛口激ウマなイカ塩辛

市販の塩辛が冷蔵庫にあったらちょっとアレンジ。
予想以上のおつまみ&ごはんのお供に。

大西ロジック

Logic

塩辛に豆板醤で辛さをプラス

COCOCOROはバーなのですが、塩辛も人気メニュー。僕が小料理屋さんに行くと、まずオーダーするのも塩辛。塩辛のコクと豆板醤の辛さが、たまりません。塩辛は市販のものでも、そこにほんのひと手間、いや半手間かけるだけで、こんなにおいしくなるんです。

材料

塩辛（市販）…200g
赤唐辛子（輪切り）…小さじ1
しょうゆ…小さじ1
みりん…小さじ1
豆板醤…小さじ1/3～1
ごま油…小さじ1

つくり方

STEP 1 塩辛を調味する

1 ボウルに塩辛、赤唐辛子、しょうゆ、みりん、ごま油を入れて混ぜる。みりんのアルコール風味が気になる場合は煮切る。

STEP 2 豆板醤で辛さを加える

2 味見をしながら豆板醤を少量ずつ加え、辛さを調節する。ひと晩おいてなじませるとさらにおいしくなる。

YouTubeはこちら

これをうまくつくれるのが本当の料理上手

自分流！あなただけのきんぴらごぼう

自分の味覚を鍛えるために、
味見をしながらつくってみましょう。
ちょっと濃い目かな…と
思うくらいがちょうどいい加減です。

大西ロジック

Logic 〈1〉 スケールではなく自分の舌を信じる！

料理の最終目標は、自分好みの味をつくれること。目安の分量は載せますが、きんぴらごぼうは、だいたいの分量でつくっても失敗しにくい料理。途中で味を見ながら調味料の分量の調節を。

Logic 〈2〉 ごぼうのアク抜きは面倒でもやるべき

ごぼうのアクの正体は赤ワインなどにも入っている「ポリフェノール」。アクを抜かない人もいますが、流水にさらしたほうがえぐみがなくなります。さらしすぎるとうま味も抜けてしまうので注意。

Logic 〈3〉 調味料の基本はさ→し→す→せ→そ

よく調味料を入れる順番として教えられる「さしすせそ」。砂糖、塩、酢、しょうゆ、味噌の順番は、分子の大きさを表しており、その順番に加えていくことで味が入りやすくなります。

Logic 〈4〉 煮詰めすぎると濃くなるので寸止めを

炒めるとき、ときどき味見をして調節しながら調味料を加えていきます。煮詰めると味が濃くなっていくことと、みりんで少し甘味が加わることを考慮して、好みの味の一歩手前で止めてください。

材料

ごぼう…１本（250g）
にんじん…中１/２本（50g）
白炒りごま…大さじ１
しょうゆ…40cc
みりん…10cc
砂糖…30g
ごま油…大さじ１

赤唐辛子（輪切り）…適宜

※しょうゆ、みりん、砂糖の分量はあくまで目安です。

MEMO

料理初心者の方も含めて、「味つけ練習」をするにはもってこいの料理。常備菜としても優秀です。自分好みの味つけを感覚的にできるようになると、分量をはからずにつくれるようになり、料理の腕が格段に上がります。僕は北海道風のきんぴらで砂糖を多く入れますが、しょうゆを入れると味が中和されて甘さが気にならなくなります。そういう味の変化も、自分の舌で確かめてみてください。

つくり方

STEP 1 ごぼうのアク抜きをする

1 ごぼうはタワシなどで皮をこそげるようにしっかり洗う。

2 １を斜め切りにし、さらに千切りにする。食感を出したい場合は、繊維に平行に棒状に切る。にんじんは繊維に平行に千切りにする。

3 ごぼうを10分流水にさらしてアク抜きをする。長くさらしすぎるとうま味も抜けてしまうので注意。

STEP 2 ごぼうとにんじんを炒める

4 フライパンにサラダ油少々（分量外）を強火で熱し、水気をきったごぼう、にんじん、お好みで赤唐辛子を入れ、全体がしんなりするまで炒める。

STEP 3 調味する

5 ごぼうとにんじんに味を入れるように、砂糖を加えて炒める。味見をして「ちょっと甘すぎるかな」という程度まで、少しずつ加えていく。

6 甘味がついたら、しょうゆ（砂糖と同量くらい）を加える。味見をしながら煮詰め、汁気を飛ばしていく。汁気がなくなってくると、音がブクブクからチリチリになってくるので、それが目安。

7 味がだいたい調ったら、みりんとごま油を加えて全体を混ぜ合わせる。火を止め、ごまを全体に振ったら完成。お好みで七味唐辛子を振る。

YouTubeはこちら

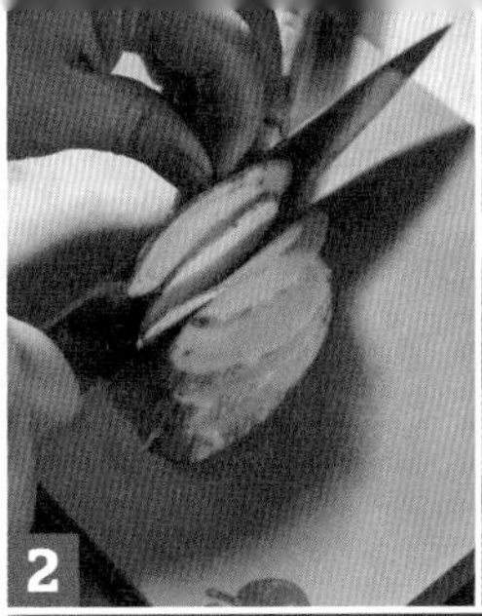

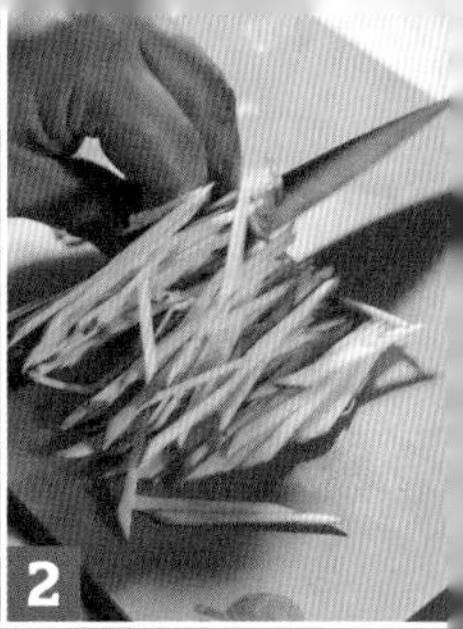

たくあんの無限の可能性

洋風いぶりがっこのクリームチーズ

たくあんの燻製であるいぶりがっこはクリームチーズと好相性！

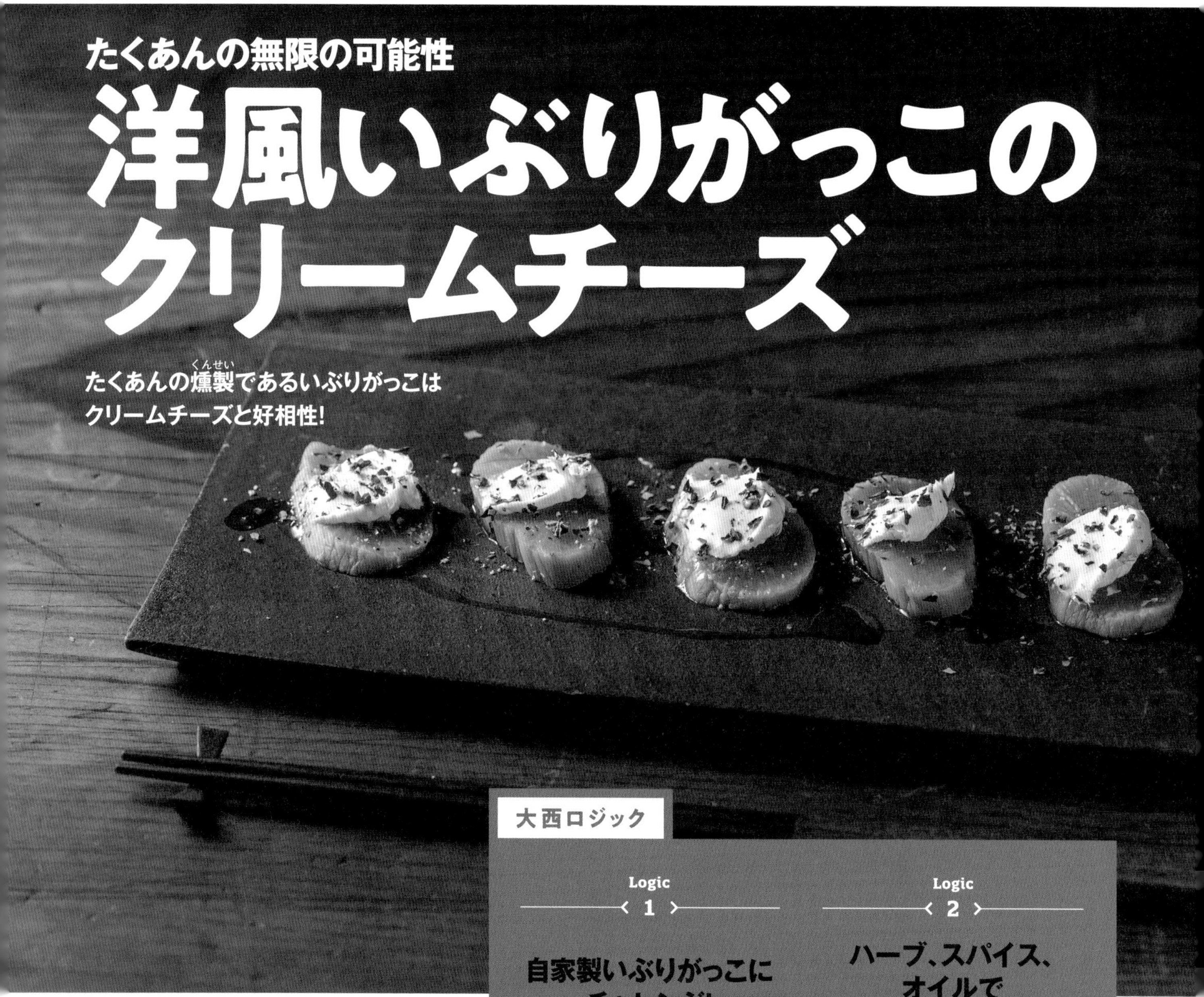

大西ロジック

Logic 1

自家製いぶりがっこにチャレンジ！

市販のいぶりがっこでもいいですが、たくあんを燻製器でいぶせば、いぶりがっこがつくれます。自分でつくったほうがおいしいので、お好みのスモークチップでぜひチャレンジしてみてください。僕はスライスして冷蔵保存しています。

Logic 2

ハーブ、スパイス、オイルで風味とコクをプラス

たくあん＋チーズの組み合わせだけでもおいしいのですが、少しだけハーブ、スパイス、オイルで風味とコクをプラスするのがCOCOCORO流。クリームチーズの酸味とバジルの香り、こってりとしたオイルが、漬け物であるたくあんをランクアップさせます。

材料

たくあん（またはいぶりがっこ）…適量
クリームチーズ…適量
バジル（ドライ）…少々
ブラックペッパー…少々
オリーブオイル…少々

MEMO

急な来客時、「あり合わせでつくったんだけど…」ってこれが出てきたら、確実に株が上がります！ たくあん（いぶりがっこ）とクリームチーズを常備しておけば、ささっとつくれるお手軽料理（？）です。いぶりがっこだけでは足りないスパイシーさ、こってりしたオイル感を加えて、料理として完成させています。アレンジとして、レモンをのせたり、フレッシュバジルにしたり、オリーブオイルをごま油にしたり、応用もきくレシピです。

つくり方

STEP 1 いぶりがっこをつくる

1 たくあんの汁気をしっかりと拭き取り、1～2時間乾燥させる。

2 燻製器に入れて低温で長時間いぶす。燻製機がない場合は、市販のいぶりがっこを使用。

STEP 2 クリームチーズをのせる

3 2のいぶりがっこを5mm幅にスライスし、クリームチーズをのせる。

4 バジル、ブラックペッパー、オリーブオイルを振りかけたら完成。

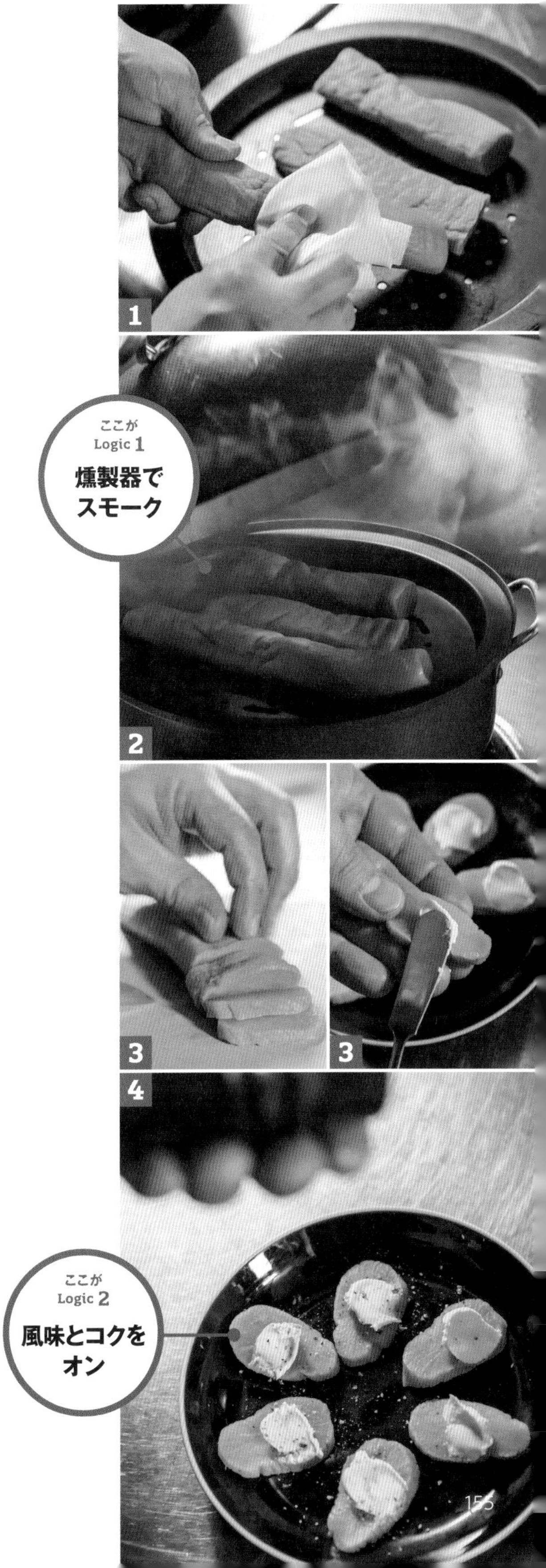

箸休めにちょうどいい

つくりおき自家製ピクルス

酸っぱすぎるピクルスとはさよなら!
つくりおき副菜は、大量野菜の消費にも助かります。

大西ロジック

Logic 1

かたくて生でも食べられる野菜をチョイス

かためで食感のある野菜なら、割となんでもピクルス向き。カリフラワーやゴーヤ、セロリ(茎部分)、湯通ししたれんこん、ごぼうなどもおいしいです。

Logic 2

湯通しで殺菌&味が入りやすくなる

ピクルス液に浸ける前に、一度湯通しすることで殺菌ができます。少し水分を抜くことで、味が入りやすくなる効果もあります。2週間程度の保存食なので、このひと手間があると安心です。

Logic 3

スパイスやハーブでオリジナルの風味を

スパイスやハーブ類は、一緒に浸けることで本格的な風味になり、個性をつけられます。ナツメグやカルダモン、クミンなど、スパイスを入れる場合は、ピクルス液と一緒に少し煮て香りを出します。

材料

お好みの野菜…適量
（例）
きゅうり…２本
にんじん…１本
大根…１/４本
パプリカ（赤・黄）…各１個

白ワイン…300cc

A
- しょうゆ…20cc
- 酢…350cc
- 白だし…20cc
- はちみつ…20g
- 砂糖…180～250g（お好みで）
- 塩…50g

ローズマリー…適宜
シナモンなどのスパイスやハーブ…適宜
ブラックペッパー…適宜

つくり方

STEP 1 野菜を湯通しする

1 野菜は好みの形、大きさに切り、熱湯で１分30秒湯通しする。

2 ざるに１をあげ、重ならないように広げて水分を飛ばす。

STEP 2 ピクルス液をつくる

3 鍋に白ワインを入れて火にかけ、アルコールを煮切る。

4 粗熱をとってから、Aと、お好みでローズマリー、スパイスやハーブ、ブラックペッパーを加え、砂糖と塩が溶けるようによく混ぜる。

5 酢の酸味を飛ばしたいときや、ローズマリー、スパイスやハーブを入れたときは、火にかけて５分沸騰させる。

STEP 3 野菜をピクルス液に浸ける

6 煮沸（しゃふつ）した清潔なビンに２の野菜を入れ、５のピクルス液を加える。３時間以上浸けたら完成。２週間ほどおいしく食べられる。

YouTubeはこちら

MEMO

冷蔵庫にある野菜をざっくり切って、ピクルス液に浸けるだけ！　ピクルス液は、材料を火にかけて混ぜるだけ！　彩りもきれいな副菜です。火にかけることで、スパイスの成分が抽出され、酢の酸味の調節もしていきます。酸っぱいピクルスが好きではない人は、ここで酢の飛ばし具合を調節してください。このレシピは、子どもでも食べられる甘味がきいたピクルス。つくってから3日後ぐらいが、一番味が染みておいしいと思います。

おわりに

最後までご覧いただき、ありがとうございました。至らぬ点も多々あったことと思いますが、お役に立てていただければ幸いです。本を書くのははじめてのことで、不慣れなことも多く、編集者さん、ライターさん、デザイナーさん、フードスタイリストさん、カメラマンさんにたくさん助けていただき、完成しました。この場を借りてお礼申し上げます。
さて、本書の中ではたくさんの「料理のロジック」をご紹介してきましたが、料理ライフをより充実させるため、料理以外の「7つの習慣」を最後にご紹介したいと思います。

1　一番大切なのは幸せな時間を過ごす

料理を上手につくることやおいしい料理をつくることは、結局のところ「幸せな時間を過ごすための一手段である」と思います。こだわりを持ちすぎて、料理が苦しくなってしまっては本末転倒です。リラックスして、自由に楽しく前向きな気持ちで料理に取り組みましょう！

2　誰かに食べてもらう

自分のためにつくるのもいいのですが、誰かに食べてもらって喜んでもらうことは料理人にとって何よりの喜びとなるでしょう。自分以外のいろいろな味覚の方に合わせて、おいしい料理をつくれることは“料理上手”のひとつの条件だとも思います。

3　「ドヤ飯」だけどドヤらない

この本を読んで、今まで知らなかったこと、普通の人が知らないことをたくさん知れたかもしれません。ですがガッツポーズは心の中で。知識をひけらかしたり、他の人の料理を否定してしまうのはスマートじゃありません。料理をつくる＆食べる幸福度は、味よりもコミュニケーションが大事なのです。料理の腕と一緒に、人間性を磨くきっかけになっていただけたのであれば、著者冥利(みょうり)に尽きます。

4　洗い物は料理よりも大事!

洗い物はパートナー任せ…では感謝もされず、「またつくってほしい！」とも思われないでしょう。食べた後ではやる気もなくなり、クオリティも下がり、ミスも増えます。できれば調理中少しでも手があいたら、都度洗い物をするクセをつけましょう。「あなたが洗ったものは洗い残しがあるから二度手間なのよね…」となってはいけないので、きちんと丁寧に。“終わりよければすべてよし”です。

5　メニュー先行の買い物と、材料先行のメニューづくりをバランスよく!

通常、つくりたいメニューがあって、その材料をそろえてから料理を始めると思いますが、材料は必ずあまります。そんなときに「あまっている材料で何をつくろうか」という観点での料理もまた楽しいもの。どんな食材でもおいしく創作料理ができるようになれば、あなたは真の「ドヤメシスト」です!

6　思いやりとおもてなしの心

料理をより楽しんでもらうためにあらかじめ仕込みをしておき、短時間で提供できるよう工夫をしたり、お品書きをつくってみたりすると、より高い満足感を与えられるでしょう。お品書きの「メニュー名」によりおいしそうなコピーを添えてみたり…と考えるのも楽しいものです。

7　他所でおいしいものを食べる

自分の料理がおいしくなってくると、お店よりも自分の味が好きになってくる時期があると思います。ですが、他のお店のおいしいものを食べることで新しい発見があり、分析して再現を試みることでどんどん実力がついてきます。行きたいと思ったときにすぐに行ってみる「行動力」、SNSや信頼できる食通の口コミ、グルメサイトなどを駆使する「情報収集能力」も重要です。

これらの「7つの習慣」は、実は僕が自分自身に言い聞かせるつもりで書きました。わかってはいるものの、なかなかできないことばかりです。考えるだけではなく「行動」し、それを「習慣」にしてこれからも常に取り組んでいくことを、読者のみなさまに宣言して本書を締めくくりたいと思います。
改めまして、読者のみなさま、本書を手に取っていただき、誠にありがとうございました!

大西哲也

クッキングエンターテイナー。
1982年6月27日生まれ、A型。北海道本別町出身。自動車整備士、添乗員などさまざまな社会人経験を経て、独学で学んでいた料理で「人に喜んでもらう」をテーマに起業。飲食店経営とYouTubeにて、料理とエンターテインメントを届ける活動を続けている。ジャンルにとらわれず、世界中の料理を専門店レベルにするための、科学的視点を取り入れたわかりやすい調理法に定評がある。近年は、連載『俺のコラボカフェ（4Gamer.net）』のほか、調理器具の開発やプロデュースも手掛けるなど、幅広く活躍中。YouTube『COCOCOROチャンネル』は登録者数30万人を突破している。

YouTube『COCOCOROチャンネル』

現役プロ料理人が、『専門店レベル』の料理のつくり方を理論的に楽しく解説。一般的なレシピではなかなか触れられない『調理科学』に基づき、「なぜこうするのか」「どうしてこれがいいのか」を詳しく説明。シェフとカメラマンが一緒に「会話」をすることで、楽しく、親しみやすく料理を学べることも魅力のひとつ。20～40代の男性に圧倒的な支持を受け、2020年5月にはチャンネル登録者数30万人、再生回数4500万回を突破。他の料理系YouTuberとの親交も深く、業界を盛り上げながら料理の楽しさを発信し続けている。

YouTubeは
こちら

COCOCORO大西哲也のドヤ飯
誰がつくってもプロの味!!!

2020年6月30日　第1刷発行
2020年9月10日　第4刷発行

著　者　大西哲也
発行者　佐藤靖
発行所　大和書房
東京都文京区関口1-33-4
電話03(3203)4511
ブックデザイン　内村美早子(anemone graphic)
スタイリング　川﨑尚美
撮影　片桐圭(lingua franca)
編集協力　日下淳子
編集　滝澤和恵(大和書房)

印刷　歩プロセス
製本　ナショナル製本

©Tetsuya Onishi 2020, Printed in Japan

ISBN978-4-479-92140-0

乱丁本・落丁本はお取り替えいたします

http://www.daiwashobo.co.jp/